これまで体系化されていなかった広告戦略

「キャスティングの教科書」

株式会社イー・スピリット代表取締役
足立茂樹
株式会社イー・スピリット・マーケティング代表取締役
大塚卓郎

イースト・プレス

はじめに

タレントを活用した広告は「大手企業だけのもの」ではありません

「タレントを広告に使うなんて、うちみたいな小さな会社ではムリ！」
「本当にかけた費用を回収できるのかな？」

このように、「広告へのタレント起用」は、潤沢な資金を投入できる大手企業が行うもの……というイメージがあるかもしれません。

ですが、実は、「タレントを活用した広告」は大手企業だけのものではありません。

タクシーに乗った時の動画広告で、初めて聞く企業のＣＭに有名タレントが起用されているのを目にしたことがあると思います。例えば、郷ひろみさんの「にしたんクリニック」や観月ありささんの「高級美顔器（A. GLOBAL）」などです。

また、拡大鏡の「ハズキルーペ」は渡辺謙さんや舘ひろしさん、菊川怜さんらの豪華俳優陣を起用、インパクトのあるCMによって「認知拡大」に大成功し、月に数十万本のペースで〝爆売れ〟するようになりました。

こうした例は枚挙にいとまがなく、効果的な先行投資によって「タレントを起用した広告」を打ち出すことで、「知られていなかった企業・商品」がたちまち「知らない人はいない企業・商品」に生まれ変わることがあります。広告主の企業は売り上げを勢いよく「垂直方向」に伸ばすことができるのです。

本書は、自社の広告にタレント（芸能人・スポーツ選手・文化人などの著名人）を起用し、企業の売り上げを爆発的に伸ばすための本であり、特に以下のような課題をお持ちの方のために書かれた本です。

「商品やサービス、そして自社の存在自体を世の中にもっと広めたい」
「価格競争に巻き込まれ、既存商品の収益を改善する〝次の一手〟がない」
「インフルエンサー・マーケティングをやってみたいけど、継続しづらい」
「多少の無理がきくスタートアップのうちに知名度を上げ、実績をつくりたい」

「企業の利益を最大化するタレント・キャスティング」のノウハウを、初めての方にも分かりやすいように解説していますので、ぜひ実践に活かしていただければと思います。

さて、「最近の若い人はテレビを見ない」といわれますが、地上波は見ないがTVerなどのサービスを通してテレビ番組を見る。若者はテレビが好きなため、「タレント効果」はいまだ健在であり、企業の売り上げ増大や人材獲得に絶大なる効果を維持しています。さらに言えば、ＳＮＳなど新しい施策との複合戦略により、名実ともに大きな価値創造が可能にもなりました。

有名タレントを起爆剤として起用し、企業知名度の大幅アップとともに、知られざる商品の大ヒットを実現し、垂直右肩上がりの成長曲線へと自社を乗せる「令和流の新戦略」についてもご紹介できればと思います。

タレント起用は企業価値を上げる「戦略的投資」の計画が大切！

「マーケティングの究極の目的はセールスを不要にすることである」——これはピーター・ドラッカーの言葉です。

広告戦略はマーケティングの一つですが、すでに知名度のある「タレントの力」を借りることで、「セールスをしなくてもお客様が商品を認知してくれる」状態を最速でつくることができてしまいます。

はじめにタレントを起用した広告戦略を成功させるために重要な「5原則」を紹介しておきましょう。

①タレント起用の「戦略的投資」は6カ月計画で始める！

マーケットリサーチ、広告を打ち出す商品選定、キャスティング会社とのオリエンテーション、クリエイティブ制作、メディア出稿準備などは6カ月計画前後で実施します。

あえて「短期集中」をすることで、プロジェクトチームメンバーのモチベーションが維持できます。何より短期スタートにより「旬」の波に乗ることができます。

半年以上時間をかけるとこれで良いのかという底なしの〝沼〟にはまります。

②企業イメージ・商品コンセプトから「逆算消去法」でタレントを選ぶ。

ターゲットに刺さるタレントを選ぶのは言うまでもありません。しかし、タレントは、すでに競合と契約していることがあります。そんな場合でも立ち止まらずに、すぐに切り替えて「消去法でタレントを決める」というスピード感が重要です。

③タレント起用は自社ホームページから始められる。

最も始めやすいタレント活用方法は「自社ホームページ」に出てもらうということです。「うちのホームページに出てくれるかな？」と思うかもしれませんが、意外にも出演してくれることは珍しくありません。

タレントの顔が映りこんでいるだけでライバル企業・商品と差別化できるので、「はじめの1歩」として大変おすすめです。

④タレントはインパクト戦略、インフルエンサーは拡散戦略

タレントは最初にドーンとインパクトを与える役割があり、一方、インフルエンサーは拡散にとても有効だと覚えておきましょう。インフルエンサーだけの広告も成り立ちはしますが、タレントとインフルエンサーの使い分け・組み合わせをすることで最大の広告効果を得ることができます。

⑤トラブルに強い広告キャスティング会社を選ぶ

不祥事やライバル企業とのバッティングなど、タレント起用において、思いがけないトラブルに見舞われることがあります。広告キャスティング会社を選ぶ時は、「リスク管理ができる会社かどうか」を基準に判断することが大切です。

私が本書の筆を執ったのは、まだタレントを起用した広告を打ったことのない方々に、タレント・キャスティングの持つ魅力と絶大な効果をお伝えしたかったためです。

そして、誰でも実行できるこうした5原則について、本書でさらに詳しく紹介したいと思ったからです。

タレントの力を借りるということは、「100万馬力」の営業パーソンの力を借りるようなものです。そして、あなたの会社の商品がどんなに無名でも、知名度や売り上げを〝垂直立ち上げ〟させることがきっと可能になるのです。

ぜひタレントの持つ爆発的な力にあやかり、企業の成長スピードを2倍、3倍、5倍、10倍と加速してほしいと願っています。

本書における用語の定義

広告会社（広告代理店）

広告会社とは、広告主の商品・サービスを適切なターゲットに向けた企画として広告主に提案し、実際に映像・画像などの広告制作物を制作します。そして、その広告制作物を「放映、配信、掲示」するための広告媒体枠を確保し、ターゲットに響く広告展開を行います。広告会社には、キャスティングを含むクリエイティブ力と媒体の選定力・実行力が常に求められます。

キャスティング

映画、テレビ、舞台における役者をキャストと呼び、その配役を決定する行為をキャスティングと呼びます。この配役をコーディネートする役割の人をキャスティング担当者やキャスティングディレクターと呼ぶようになりました。キャスティングを専門に行う会社はキャスティング会社と呼ばれます。

キャスティングには以下の種類があります。

タレントキャスティング

タレントは俳優や芸能人を指すことが多いですが、本書ではスポーツ選手も含めてタレントキャスティングと呼んでいます。タレントキャスティングの契約期間は通常1年間で、契約期間は放映開始日から1年間が基本です。

イベントキャスティング（講演会を含む）

特定の目的やテーマに基づいて計画される行事や催し物に、タレントやスポーツ選手・文化人などの著名人を起用することです。イベントキャスティングでは、1回数時間以内の出演が一般的です。

オーディションキャスティング

映画、テレビドラマ、舞台、CMなどの配役を決定する際にオーディションで選抜し、配役します。俳優やモデル、タレント事務所に所属する方が多いですが、一般的にはまだ有名ではない役者（ノンタレント）をオーディションで起用することが多いです。

インフルエンサーキャスティング

ＳＮＳでフォロワーが多く、影響力のあるインフルエンサーを選定して起用し、企業が自社ブランドのプロモーションやマーケティング活動のために対価を支払い、ＳＮＳに投稿してもらうことでＰＲを行います。このようなPRには、ステルスマーケティング（広告であることを隠して宣伝し、消費者に商品やサービスを自然に受け入れさせようとする手法）とならないように必ず広告表示が入れられます。

クリエイティブ

広告制作には、ターゲットに響くクリエイティブが必要不可欠です。効果的な広告制作物を通じて、ターゲットに共感や関心を呼び起こすことが求められます。そのため、クリエイティブの力が広告展開の成功において大きな役割を果たします。

これまで体系化されていなかった広告戦略「キャスティングの教科書」●目次

第2章 タレント起用で売上はこんなに変わる!

第3章 タレント起用はあなたの会社でもできる

第4章 タレント起用は最強のインフルエンサー・マーケティングだった！

第6章 これからのタレント・キャスティング・マーケティング

第1章

「売れるモノ」「売れないモノ」がはっきりする“マーケティング戦国時代”

大手企業の有名商品一辺倒時代からスタートアップ企業の無名商品による下剋上！「タレント広告」に活路あり

「モノが売れない時代」。今の世の中を説明する常とう句のようにいわれるこの言葉。経営者をはじめビジネスに携わる多くの皆さんも、もうイヤになるほど耳にして、ネガティブな気持ちにさせられるのではないかと思います。

現代の経営者の多くが抱える、「モノが売れない」という悩み……。けれども、実際にそうなのでしょうか。

実際、私は１９９０年頃に大手広告会社に入社し、当時から「モノが売れなくなった」と聞かされてきました。ただ、その一方で日本の名目ＧＤＰはこの30年、４００兆～５００兆円台で推移し、93年と比べて１割ほど増加しています。さらに内閣府によると、２０２４年度は６１５兆円程度になるとの見通しです。

デフレの波に呑み込まれ、他の先進国に比べても苦戦しているのは確かですが、ＧＤＰで見るところの経済は何とか右肩上がりを維持してきたわけです。

「モノが売れない時代」といわれつつ、なぜＧＤＰは伸びてきたのか。ＧＤＰはモノが売れているからこそ伸長してきたわけで、いったいなぜなのでしょうか？

答えはいたってシンプルです。売れないモノと売れるモノ、その差が大きくなってきたからです。つまり、すべてのモノが売れないわけではありません。「モノが売れない」といわれる中でも、トレンドを捉えた商品が飛ぶように売れ、あっという間にトップ企業の仲間入りを果たしたスタートアップも数多く存在します。彼らがデフレ時代のGDP、つまり日本経済を支えてきたといってもいいでしょう。

モノが売れないのではなく、売れるモノと売れないモノがはっきりした。それが、「失われた30年」ともいわれるデフレ時代の日本の消費行動だと思います。

だからこそ、企業が目指すべきポジションは明快です。あなたの企業も、「売れるモノ」をセールスできる側に回ること。売れる商品やサービスを持つ側に位置することが、言うまでもなく重要になってくるわけです。

もちろん、売れる商品・サービスは、消費者に振り向いてもらえるしっかりとしたクオリティがあることは欠かせません。

ただ、皆さんも日々生活する中でお感じになりませんか？　もはや日本の企業が生み出すあらゆる〝モノ〟は高品質化し、どれをとっても機能や性能にそれほど差はないこと。

裏返せば、市場の成熟によって世の中に新たな価値を与えるような新規商品は出尽くし、今や同じような高スペックの商材ばかりが立ち並ぶ時代になっています。

各企業がこぞって商品競争を繰り広げていく中で、モノの機能や品質はもはや高いレベルで均一化し、大きな差がなくなってしまった結果、自社の商品をどう差別化し訴求力を高めるかが非常に難しくなってきました。

「売れる側」にポジショニングをとることは大事だけれども、商品スペックのこれ以上の差別化を図るのはなかなか難しい……。そうした中で、企業はどのようにして、「売れる勝ち組」に入れれば良いのでしょうか？

その答えは、こうです。つまり「売れるモノとは、消費者にしっかりとしたメリットがあり、そのメリットが明快に、かつ幅広く伝わっているもの」――。

当たり前のことですが、自信のある商品をいくら持っていても、消費者に知ってもらわなければ始まりません。「宝の持ち腐れ」という古い言葉を持ちだすまでもなく、効果的な手段で広く世の中に知ってもらわなければ、「売れるモノ」には決してならないのです。

世の中に多くのメディアがあふれる情報過多の状況も相まって、企業にとって「商品をどのように知ってもらうか」には、いっそう具体的なアクションが必要になっています。

モノの特徴がより打ち出しにくくなった昨今。それでもユーザーに自社商品の魅力をインパクト強く伝えるには、どうすれば良いのでしょうか？

違いを分かりやすく明快に伝えるには、まずは「イメージ」で訴求することを考える必要があります。そのために絶大な力を発揮するマーケティングの手法として提案するもの、それが「タレント広告」なのです。

例えば、まえがきにも挙げた「ハズキルーペ」や「にしたんクリニック」、さらに地方の住宅メーカーだった「タマホーム」などは分かりやすい例と言えるでしょう。

ちなみにタマホームは、1998年に九州で創業した住宅メーカーで、福岡に本社を置く地方企業でした。2005年に大阪本店、さらに東京本社を展開したものの、知名度の低さが大きな課題だったそうです。

そこで活用したのがタレント広告でした。みのもんたさんや木村拓哉さんをCMに起用して全国的な知名度を獲得し、今や注文住宅や戸建て分譲で日本トップレベルの企業に飛躍を遂げているのはご承知の通りです。

自社の持つ商品の魅力や強みを、まずはタレントに伝えてもらう。そうしたイメージ訴求によって差別化を図り、消費者の脳裏に強烈にインプットする。それが重要な時代に入ったということです。

中でも、2010年代にInstagramがリリースされ、ハッシュタグ機能が加わり、スタートアップ企業や地方から全国に打って出てきた成長企業の中で著名タレントを起用した広告が盛んになりました。その理由は、知名度を一気に右肩上がりに飛躍させたいからです。

消費者が見た時、ある商品を自分の好きなタレントが使っていたら、同じものを使いたいと思うのは自然な感覚です。もちろんそこには、憧れといった気持ちも強いでしょう。商品のスペックも大切ですが、こうしたイメージの力で購買力が大きく跳ね上がるわけです。

「売れる側」に入るための商品の差別化は、まずはこうしたイメージ訴求が重要ということを知っておいてください。そのための必須のマーケティング手法が、「タレント広告」と言えるのです。

SNSはテレビと同じ全国ネット。お値段はテレビに比べて格安！

先述した「ハズキルーペ」や「にしたんクリニック」、さらに地方の住宅メーカーだった「タマホーム」などは分かりやすい例と言えるでしょう。

ちなみにタマホームは、1998年に九州で創業した住宅メーカーで、福岡に本社を置く地方企業でした。2005年に大阪本店、さらに東京本社を展開したものの、知名度の向上が課題だったそうです。

そこで活用したのがタレント広告でした。みのもんたさんや木村拓哉さんをCMに起用して全国的な知名度を獲得し、今や注文住宅や戸建て分譲で日本トップレベルの企業に飛躍を遂げているのはご承知の通りです。

もしこれがインフルエンサーを使用した広告だけだったら、どういった結果になったでしょうか。インフルエンサーは特定のターゲットには強く、エンゲージ（歩留まり）も高いですが、日本全体のような広いターゲットにはPOWER不足が否めないケースが多いです。

もはや今は、老舗企業や新興企業といったボーダーラインがなくなっている時代です。地方に根を張りつつ業績を上げる成長企業も近年増えており、首都圏などの都市部への市場拡大が全国ネットであるSNSにて容易になりました。

スタートアップを含めた新興の中堅企業が、思い切った広告やプロモーションで爆発的に認知度を上げ、老舗といわれる企業や商品の知名度を追い抜くケースは枚挙にいとまがありません。

全国ネットに強いのは顔が売れているタレントです。人気の度合いにかかわらず全国的に顔が売れているタレントは沢山います。人気クリエイティブの力やドハマりしたキャスティングがあれば、反応が良い若者に全国規模で突き刺さり商品やサービスが瞬く間に認知されていきます。

差別化が難しくなってきた中で、とがった商品は大企業ではなく、むしろ小回りの利くスタートアップや中堅企業に有利です。しかしながら規模の小さい会社の知名度は低く、以前は苦労をしてきました。全国規模のキャンペーンを行う体力のない、規模の小さな会社がInstagramなどＳＮＳにて地道に成果を上げる一方で、著名タレントを起用した刺激的なＣＭで知名度を一気に上げるケースが出てきました。中には大手企業の商品に並ぶ結果を出す下剋上を果たした企業もみられます。賢い手法でタレント広告は爆発的な効果を発揮します。

起業後、早期の認知を必要とするスタートアップ、または地方から新たな市場の拡大を見据える中堅企業にとって、消費者に高い信頼感を与え、大きな広告効果を期待できるのがタレント広告というわけです。

一般ユーザーの関心を集めるには、広告をはじめとしたマーケティング手法に、人を惹きつける魅力が必要になります。

その際、好きなタレント（芸能人・スポーツ選手・文化人などの著名人）が出ているだけで興味や関心を高め、「見てみたい」「見てみよう」と思う人は相当に多くいます。そこに、タレント広告が持つ爆発力、かつ圧倒的な訴求力の源泉があるわけです。

誰でもアプローチが可能なシンプルな戦略であるとともに、絶大な効果をもたらすのがタレント広告の持つパワー。そのことを、まずは知っていただきたいと思います。

テレビは「オワコン」ではない。地上波からネット視聴に変わった

昭和から平成、そして現在の令和へと時代が移る中で大きく変わったもの。その一つに、メディアの多様化があるでしょう。

かつて、私たちの生活に広く根付いたメディアの主役といえば、テレビの地上波でした。けれどもここ15年のあいだに、従来のメディアのありようは大きく変わりました。

皆さん、何が原因になったか分かりますか？　言うまでもありません、インターネットの登場はもちろんのこと、大きなインパクトをもたらしたのが、２０１０年代に入って一気に浸透したスマートフォンです。この圧倒的な利便性を持つデバイスの登場で、従来のメディアの存在価値や立ち位置は大きな変容を余儀なくされました。

総務省情報通信政策研究所が調査した「令和5年度情報通信メディアの利用時間と情報行動に関する調査報告書」によると、「スマートフォン・携帯電話」の利用時間は、13歳以上の国民全体で平日1日平均2時間3分に上りました。休日には1日平均2時間31分にもなります。スマホ登場後の10年間で、この時間は年々増加。今や情報収集のためのメディアとして、私たちの生活の中心を占める存在になっているのはご承知の通りです。

それに比べてテレビ、特に地上波の持つ影響力が、現代人の行動様式の中で変化してきたのは仕方のないところと言えるでしょう。

けれども、テレビというメディア自体がすべて否定されるものではありません。

例えば、NHK放送文化研究所の「国民生活時間調査」によれば、国民全体でのテレビの平均視聴時間は「微減」であるものの、「大幅な減少」ではないことが分かります。

加えて、テレビ離れしているといわれる若年層も、その実態は「テレビのコンテンツを

図1-1

国民全体でのテレビの平均視聴時間					
平　日		土　曜		日　曜	
1995年	2020年	1995年	2020年	1995年	2020年
3.19時間	3.01時間	3.40時間	3.35時間	4.03時間	3.38時間

出典：NHK 放送文化研究所「国民生活時間調査」2020 年
https://www.nhk.or.jp/bunken/research/yoron/pdf/20210801_8.pdf

ネット配信で見ている」というスタイルも多々あるわけです。

つまり、これまで地上波のテレビ一択だったコンテンツの視聴方法の選択肢が、スマホやパソコン、タブレットなどのデジタルデバイスの登場によって大きな広がりを持ったということ。さらにYouTubeやTVer、NetflixやAmazonプライムに加えAbemaなどコンテンツ提供のデジタルチャンネルの多様化もしかりでしょう。

テレビを見る、もしくはテレビコンテンツを見るという行動様式は、依然として余暇を過ごす上での重要な選択肢の一つとして位置付けられています。CMなどの広告コンテンツを目にする機会や頻度も、従来と大きく変わらない上に、いっそうバラエティに富んだ視聴の方法が可能になったというわけです。

こうしたコンテンツを目にする機会の拡大は、以前のテレビ一択の時代から大きく様変わりし、新たなマーケティングの可能性を広げています。

つまり、地上波テレビという従来型のメディアを通して見る機会は減っても、その他のデバイスやチャンネルがそれを補完し、次世代型のコンテンツマーケティングの波に乗って、新たな価値を生み出す可能性があるわけです。

以前に比べてテレビCMは買いやすくなった

タレントの出演する広告は見た人の記憶に圧倒的に残り、しかも良い記憶として頭の中にインプットされます。

CM総合研究所「CMタレントの効果検証~2018年度CMタレント好感度ランキング」の調査によれば、国内すべての広告の中でタレントが起用されているものは35%にもかかわらず、好感度の獲得シェアは全広告の76%に上るというデータがあります。

企業や商品をPRする上で、インパクトのあるコンテンツはいつの時代も「タレント」であり、令和となった今の時代も決して変わりません。

そうした中、テレビ視聴メディアの多様化によって、実は近年、広告業界においてある流れが生じていることをご存知でしょうか?

コンテンツを視聴する手段の幅が広がったことによって、従来の地上波テレビへの広告出稿に手が届きやすくなりました。

なぜなら、広告マーケティングの手法が以前のようなテレビ一択ではなくなりネットメディアと常に比較されるので値段を下げなければ広告主（クライアント企業）が集まりにくくなっているわけです。

しかし重要なことは、テレビ番組のコンテンツの質は劣化しているわけではないのに、価格的に手が届きやすくなったということです。

広告を出稿する企業側にとっては間違いなく朗報でしょう。「きっとテレビCMなんて高くて手が出せない」と思い込んでおられた中堅企業にとっても、既成概念を取っ払ってもらえる状況になっていると私は思います。

このような、テレビ（地上波）メディアを中心とした時代からの変容や多様化は、世の中の中堅企業にとって、タレントを活用したCMを自社のマーケティングに組み込むチャンスを大きく増やすことにつながっています。

こう話すと、皆さんにも見覚えがありませんか？　例えばテレビ朝日の夜の人気番組である『報道ステーション』。かつては誰でも知っているナショナルクライアントの名前がスポンサーとしてズラリと並んでいました。それが今は、おそらく多くの方がそれほど聞いたことのない企業のCMが番組の合間にどんどん出てきます。

また普段テレビを見ていても、ドラマや映画で主演を張るような人気俳優が、耳慣れない企業のCMに出ている姿を見ることも多いのではないでしょうか？

皆さんの会社も、その仲間入りができるかもしれません。テレビを取り巻く広告市況の変化は、新たなビジネスチャンスの潮流を生むことにもつながっているのです。

タレントは究極のインフルエンサー

メディアの多様化は進んだものの、それでもテレビの持つ影響力はまだまだ大きなものがあります。例えばYouTubeを主戦場にするYouTuberと、テレビで活躍するタレントでは、ターゲットによる知名度に大きな差があります。それは広告的な価値を考える際にとても重要なことです。

加えて、テレビで目にするタレントを広告に活用することで得られる付加価値には、次のような特別なメリットが生じるケースがあります。

よく皆さんも、年間4期のクールごとに制作されるテレビドラマの主人公俳優が、同じ局のさまざまな番組に出演する光景を目にされたことがあると思います。

人気俳優やタレント（芸能人・スポーツ選手・文化人などの著名人）が主演を務めるドラマのスタートの際には、制作したテレビ局はもちろん、所属事務所も視聴率獲得のために躍起になりますから、PRに使える機会があれば積極的にタレントに出演してもらい番組の宣伝をします。

例えばそんな時、あなたの会社が広告主となってそのタレントと契約していたらどうでしょうか？

タレント側としたら少しでも新しいドラマをアピールしたいですから、クライアント企業のちょっとした企画に参加してくれることがあるかもしれません。できるだけ露出を増やすことが、自身やドラマに注目してもらえるきっかけになるからです。

それまでクライアント企業のイベントなど関心を示さなかったタレントが、自分のドラマやバラエティなど新番組が始まる際、協力的になってくれることは多々あります。自身のセールスタイミングに合致する時、そのタレントはびっくりするくらい露出に積極的になるものです。何ごとにもタイミングは大切です。

企業として利用しない手はないでしょう。

スケジュールさえ折り合いがつけば、ひょっとしたら契約に含まれていない露出の機会——イベント参加や会社訪問などの話題づくりなど——に進んで協力してくれる可能性もあります。企業にとって想定外の付加価値がもたらされるのもまた、テレビとの相乗効果を軸にしたタレント広告の〝うまみ〟の一つと言えるのです。

「タレント広告」が威力を発揮するあの商品

例えば、歯磨き粉は日用品の中でも、マーケティングにおいて競争の激しい商材の一つといわれています。

メーカーもさまざまで、同じような機能や特徴を持ち、価格も大差ありません。その中で、私はイギリスに本社がある某大手製薬会社が発売する「歯磨き粉」の以前のテレビCMを見て、個人的にうまいな～と思いました。

タレントとして大物スポーツ選手や著名な俳優さんが出演し、商品のイメージ訴求に一役買います。さらに、次に流れる15秒CMで研究員が登場し、この歯磨き粉の特徴である歯周病ケアとの関連について医学的な説明を行っていくという内容でした。

まずはタレントを活用して見る人の注目度を上げ、次に開発責任者が機能や特性についての医学的なお墨付きを与える。二つの要素のアプローチによって、認知度のアップと商品特性の浸透を同時に図ることができる効果的な広告になっていました。

これが、もし開発責任者だけの説明CMしか放送されていなければどうだったでしょうか？ 専門的な話だけではそれほど関心を集めなかったもしれませんし、タレントが出ることで得られる商品の〝メジャー感〟は演出できなかったのではないかと思います。

このメーカーは世界トップクラスの製薬会社の一つですが、日本での知名度拡大という課題がありました。だからこそ複数のタレントを起用し、一般ユーザーへの浸透を一気に図ったということも言えそうです。

また歯磨き粉は、私たちが普段の生活の中で日常的に使っていく商品ですね。何の歯磨き粉を使うかはだいたい各家庭で決まっているものですが、どうしてそれを使うようになったのか？ 実はテレビなどのCMで商品を見たことが、最初のきっかけになっているケースは多いと思います。

理由として挙げられるのが、歯磨き粉が「検索されない商品だから」ということです。

例えば皆さんは、歯磨き粉を買いに行く時に、インターネットを検索して商品を探すでしょうか？　特定の機能性を求めて探す時は別かもしれませんが、何気なく使う日用品を買うのなら、わざわざネットで調べて買いには行かないでしょう。

つまり商品ごとにそれほど差別化要素がない、けれども毎日のように必要になる生活に密着したモノ。それが、「検索されない商品」です。

他の分かりやすい例でいうと、ビールです。４大メーカーを中心にあらゆる種類があり、発泡酒や第３のビールなども含めるとその数はもはや無数です。各社とも特徴をうたってはいますが、消費者から見ればどれも大差が少ないです。こうしたビール系飲料を買いに行く時も、きっと事前にネット検索はされにくいです。

では、事前にインターネットで情報検索しない商品を、皆さんはどのように頭の中で〝検索〟しているのか？

選別される過程で大きな影響を与えているのが、テレビＣＭを中心とした広告の力です。もっと言えば、それぞれのＣＭに出ているタレントの好感度、ＣＭ作品としてのクオリティやおもしろさ、印象の度合いなどが無意識の〝検索〟に一役も二役も買っています。

つまりは、こうした差別化要素の少ない生活必需品は特に、タレント広告の与えるインパクトや好感度が、そのまま商品購入への強い動機づけになるということです。

タレント広告がもたらす、消費者へのインプット効果。生活必需品という大切なものだからこそ、タレントの持つ信頼感や清潔感、安心感が重要な意味を持つことをぜひ知ってほしいと思います。

地方の中堅企業でもタレントＣＭは打てる

タレント広告の王道とも言えるテレビＣＭに手が届きやすくなり、かつてのような〝高嶺の花〟ではないことはすでに説明しました。メディアの多様化によって、テレビ局や大手広告会社側も値段を下げなければクライアントが集まりにくいという状況が増えています。

それによって、もはやテレビＣＭは全国的な知名度を持つ大手企業の独壇場といった様相は影を潜め、地方の中堅企業や新興企業にも活用しやすい広告手法になりつつあります。

そしてもう一つ、地方の中堅企業がテレビＣＭを打ちやすくなっている要因として、タレント側の〝事情〟があります。

というのもタレントサイドが今や、広告主となる企業の〝銘柄〟にそれほどこだわらなくなっている……という状況があるのです。

業績の良い成長企業や信頼性の高い会社とは、知名度の高い大企業ばかりではないことを、タレントも所属事務所も理解するようになったと言えます。

私は以前、大手広告会社にいた時に、まだマーケティングフェーズの初期段階にあった「男性専用エステティックサロン」の広告をお手伝いしたことがあります。その会社は今でこそ日本で最大の男性専用エステティックサロンとして抜群の知名度を誇っていますが、2000年代中盤の頃はまだまだ現在の規模には至っていませんでした。

その会社が、日本を代表する大物音楽アーティストをCMに起用したいと言ってこられたのです。当初は「男性専用エステティックサロン」との契約は正直難しいかな……と感じたものですが、結論から言えば、この大物アーティストは広告契約の申し出を受けてくれたのです。

「難しいかな……」と思いながらも、あらゆる伝手をたどって大物アーティストご本人に直接アプローチすることに成功、変化球を伴うメディアミックス企画をプレゼンしました。

結局、大物アーティストが「おもしろそうな話じゃないか」と興味を持ってくれて、C

M企画に快く賛同。同社のイメージキャラクターを務めてくれました。

このメディアミックスの企画の中身については後の章であらためて紹介しますが、このように広告プランの内容次第で、企業の銘柄やステータスはさておき、タレントを振り向かせることは十分に可能ということです。

また最近注目すべきタレント・キャスティングに、株式会社MTGの広告があります。同社は1996年の創業で、本社は名古屋にあります。東京・銀座に〝美の情報発信拠点〟として「Beauty Connection Ginza」（2023年に閉館）を展開し、以来、ReFaやSIXPADをはじめとする美容、健康、衛生ブランドを立ち上げて成長を続けている企業です。

同社がこのほど打ち出した商品が、長崎の五島列島生まれの自然由来スキンケアブランド「五島の椿」でした。これは、同社の松下剛社長が五島列島の出身で、故郷の「椿」が持つ保湿力など、高い機能性に着目して開発したスキンケア商品ということです。

「五島の椿」は単なる商品展開だけでなく、五島列島に自生する椿を軸に地域振興を進めていく「五島の椿プロジェクト」の一環としてリリースされました。

そして、この企画に際して広告起用されたのが、俳優の吉永小百合さんでした。吉永さんご自身、36年ぶりのスキンケア商品へのCMということで話題になりましたが、商品そのものの良さや魅力はもちろん、プロジェクトの取り組みにも共感して依頼を受けられたということです。

吉永さんを起用したいという同社の松下社長の熱意もおそらく伝わったのでしょう。たとえ老舗といわれるようなナショナルクライアントでなくとも、広告の企画の中身やアプローチの方法次第で、日本を代表するようなタレントに出演してもらうことはできるのです。

つまるところタレントの側の意識として、従来のように広告主となる企業の銘柄よりも、企画のおもしろさや共感性に重きを置くようになってきたのが近年の流れです。

もしも広告に使いたい意中のタレント（芸能人・スポーツ選手・文化人などの著名人）がいたら、社格や知名度、社歴や所在地などにとらわれず、「出演は不可能じゃない」と考えてほしいと思います。

「なんでこの企業にこんな有名なタレントが？」そう感じるCMの裏側には、どの企業にも組み立てられるストーリーがあることをぜひ知ってほしいと思います。

タレント・キャスティングは「自社HP」から始める

ここまで読んでいただいた方は、「タレント広告」と聞くと、もっぱらテレビメディアでのCM露出をイメージされるかもしれませんね。

同時に、「テレビCMはおそらく大きな費用が必要……」というのはきっとどなたも思うことでしょう。前述したように近年広告出稿料金は下がっているものの、やはり他の広告に比べればコストはかかります。

ちなみにテレビCMは大きく分けて、ひとつの決まった番組のスポンサーになる「タイムCM」と、1～2週間の期間に10本～数十本、さまざまな時間にランダムに放送される「スポットCM」があります。タイムCMの販売単位は通常30秒の1種類、スポットCMは15秒が基本です。

タイムCMを放送するには、テレビ局に支払うこれらの放映料（媒体費）とCMの制作費を合計した金額が生じます。制作費としては大まかに、企画費や動画制作費、そしてタレントの出演料などが含まれます。（第3章で詳しく説明します）

けれども、タレント広告とは何もテレビCMがすべてではありません。もっと安価に、トライアルの意味合いでも始められる手法があるのです。

それが、私たちが推奨している「自社ホームページ」へのタレントの活用です。

「当社はまだ3年目のスタートアップですが、上場を目指して頑張っているところです。このたび、○○さん（大物タレント）を自社のイメージキャラクターとしてホームページに登場いただきました」……なんて告知、魅力的だと思いませんか？

テレビCMを打つほどの経営体力やニーズがまだない場合、自社ホームページでの展開であればコストもはるかに安価で、しかも不特定多数のユーザーに幅広く訴求できることは変わりません。

この場合多くは、自社ホームページのトップページにタレントのビジュアルを掲載します。中には動画を入れる場合もあるでしょうし、クリエイティブではさまざまな工夫が可能です。効果的なコンテンツでページを満たした上で、SEOなどのデジタルマーケティングによって幅広く周知を図っていきます。

契約にもよりますが、自社ホームページに活用するだけでなく、一般ユーザーを対象とした展示会やイベントでの汎用も可能です。起用するタレントのビジュアルが自社のブースにあることで、競合他社との大きな差別化を図ることもできるでしょう。

ほかにも、自社のノベルティにタレントを上手に入れ込むなど、活用法は多岐にわたります。もちろん契約の内容によりますからすべてがフリーハンドというわけにはいきませんが、最近はタレントの方が協力的なスタンスで露出に理解を示してくれるケースが増えていると感じます。

基本的にタレントは人気商売です。スポーツ選手も突き詰めればファンあっての職業でしょう。露出を増やすことでファン獲得のすそ野が広がるわけですから、広告主があらゆる機会で契約するタレントを目に触れる場に出していくのはＷＩＮ-ＷＩＮの関係なのです。

タレントの活用法は、何もテレビなどの媒体ＣＭだけではないことをぜひ知ってほしいと思います。自社ホームページに載せることを基本に、いくつかのセールスプロモーションにおいても協力してもらう。商品パンフレットやリーフレット、カタログなどの印刷物への掲載などは分かりやすい例かと思います。そうした活用法からスタートすれば、費用も比較的安価であることが多くあります。

もちろん、テレビＣＭに固執するタレントさんもいないわけではありませんが、こうした露出効果や企画内容を上手にプレゼンすることで理解を促し、契約にこぎつけることは十分に可能です。

協力的でサービス精神旺盛なタレントの場合、クライアントの行事に顔を出してくれたり、中には自社の社屋に足を運んで社員向けに挨拶をしてくれた人もいました。

こうしたインナーブランディングは実は重要で、社員の士気が一気に上がる効果があります。起用したタレントはあらゆる切り口での広告塔として、さまざまな効果をもたらしてくれる可能性があります。

ITスタートアップなら「タクシー広告」でABテストを実施しよう

自社ホームページへの起用と同様に、タレント広告としてリーズナブルな展開が可能なものに、「タクシー広告」があります。

この本を読んでくださっている皆さんも、タクシーに乗った際に後部座席でCM動画を目にしたことはありませんか？　車内にディスプレイを設置し、動画を流すデジタルサイネージを活用した映像広告で、近年ニーズも増えています。

加えて、このタクシー広告の利点として、媒体費用を抑えることができます。関東キー局のテレビCMに比べて、相場として5分の1や4分の1以下で収まる費用感だと思います。

タクシー広告の場合、ターゲット層が明確である点が特徴の一つと言えます。

例えばタクシー広告をご覧になった時、聞きなじみのないIT企業のCMに、著名な俳優やタレントが出演しているのが気になったことはないでしょうか?

社長や役員を含めた部長以上に訴求効果が高いのがタクシー広告であり、ターゲットに見合った商材として新しいITやDX（デジタルトランスフォーメーション）のサービスをCM展開する企業が増えているわけです。

実際、会社を経営している人の約8割以上が月に10回以上タクシーを利用しているといわれ、富裕層や経営者の利用頻度は圧倒的に高いものがあります。つまりは、ビジネスにおいて決裁権を持った人に直接アプローチできるのが大きなメリットなのです。

また、タクシーの中は個室であり、乗客の視界をさえぎるものはなく、広告の視聴空間としては最適です。しかもタクシーの平均乗車時間は約18分といわれていることから（日本交通調べ）、商品・サービスの特性や魅力の詳細を理解してもらうために十分な時間が確保できるわけです。これらの利点に合致する商材を売りたい企業にとっては、非常に効果

図1-2　デジタルサイネージ広告の市場規模

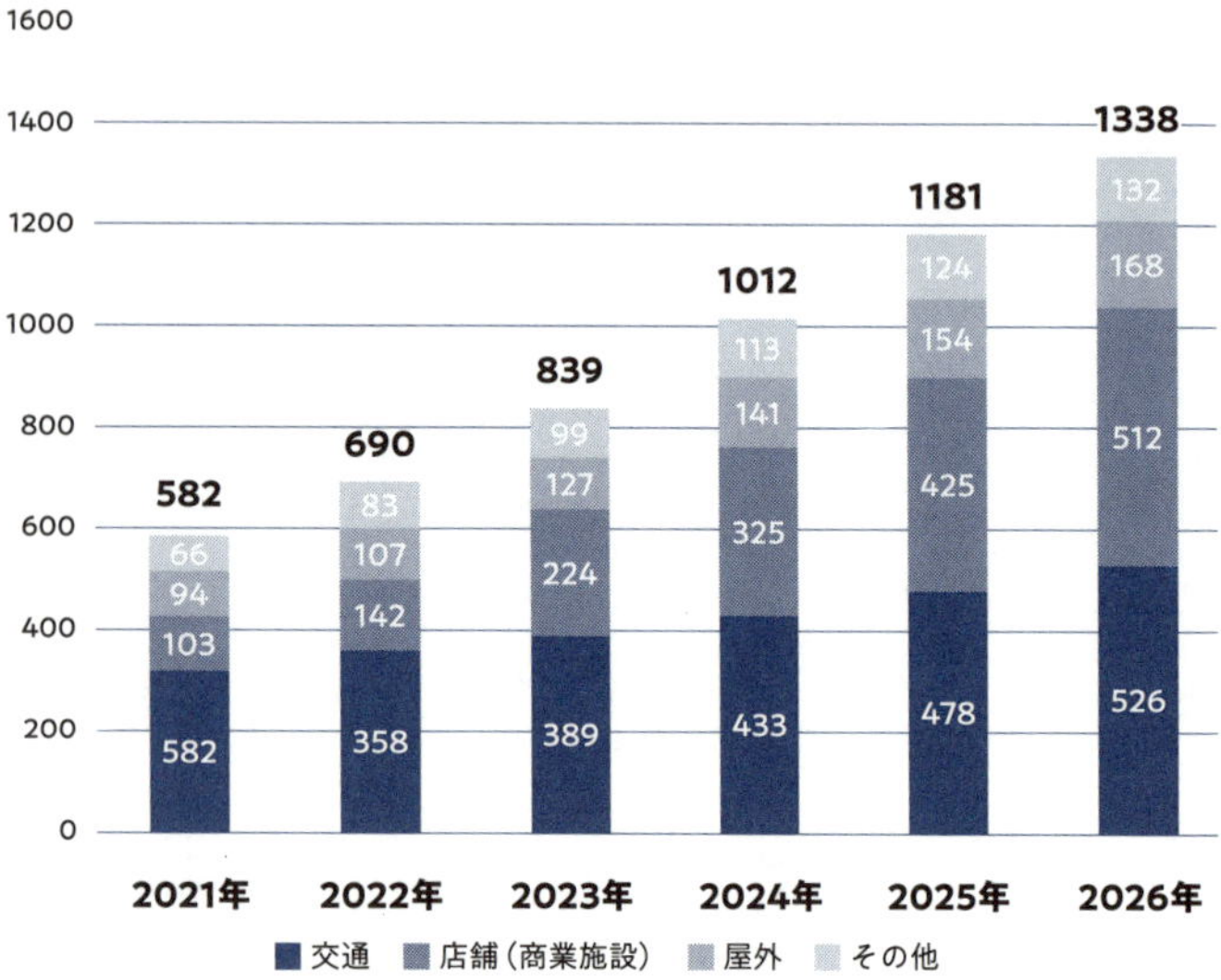

的な広告ツールということができます。

こうしたことから、タクシー広告はテストマーケティングにおいて実に適していることがお分かりいただけると思います。

特にＩＴ関連のビジネス商材をリリースするスタートアップ企業には、タレントを起用したタクシー広告は非常におすすめです。

お話ししたように、テレビＣＭには放映料（媒体費）という小さくないコストがかかります。そこで、まずはタレントを起用してＣＭ用の映像を制作しておくのです。制作した動画自体はテレビであっても、インターネットであっても、タクシー広告のデジタルサイネージであっても汎用が可能です。

　そこで、まずは媒体費がそれほど大きくないタクシー広告を利用して、マーケティングテストを行います。その効果の度合いよって、大きくテレビＣＭへと展開するか、または他の手法によって周知を図るべきかという判断ができます。

　いうなれば、タレントを活用したタクシー広告は、テレビＣＭへとつなげていくための準備段階という捉え方もできるわけです。

　タレントや所属事務所によってはタクシー広告だけの契約だと渋る場合もありますが、タクシー広告単体での契約を受けてくれるタレントももちろんゼロではありません。

　コストを考えて緩やかなスタートにしたい場合には、タクシー広告は近年増加しつつある有効な手段の一つであることを知っておいていただきたいと思います。

究極のインフルエンサー「タレント」起用を検討すべし！

　ＩＴやデジタル全盛といわれる現代、世の中にはさまざまなデジタル広告があふれています。インターネット上で閲覧されるＷｅｂ広告のほか、動画配信サービスやメール配信によるプロモーション、近年盛んなＳＮＳ（ソーシャル・ネットワーキング・サービス）を活用した広告など、デジタルマーケティングは企業の販促活動に欠かせない手段となっています。

スマートフォンを中心に、多くのデジタル広告が氾濫する情報洪水の現代。いきなり自分のスマホに飛び込んでくる多種多様な広告に、あなたもうんざりしたことはありませんか？

そして画面を見た皆さんの脳裏に、どれだけの内容が記憶として残っているでしょうか？　おそらくほとんどの広告が目の前をスルーしている状態ではないかと思います。

デジタル広告があふれ返る今だからこそ、消費者の目に留めてもらうのが難しい。飛び抜けてキャッチーな内容でなければ、あっという間に見過ごされてしまうのが現在のデジタル広告でもあるわけです。

洪水のようにデジタル広告が乱立する中で、スマホを手にするユーザーの目を留めるにはどうすれば良いか？　そこで、他社との差別化要素を効果的に提供できるのが、好感度の高いタレントの起用というわけです。

あらためて、デジタル広告にはテレビＣＭに代表されるような従来の広告と比較して、いくつかのメリットがあります。

年齢や性別などの基本的な属性をはじめ、インターネットの検索・閲覧履歴といったデータからユーザーの興味や関心を想定し、細かなターゲティングを行えることです。そのためタレント起用においても、ターゲットとなる属性やユーザー層に合致した人をセグメントできる利点が得られます。

もう一つ大きな特徴が、イメージを伝えることが主体となるテレビCMとは違って、デジタル広告は購買段階であるクロージングのところまでユーザーを導き、商品購入までを完結できる点です。

Webマーケティングによって獲得するこうした最終的な成果は「コンバージョン（CVR）」という指標で示されますが、Web広告にタレントを起用したリスティング経由のCVRが倍増した例も、業界ではこれまで数多く報告されています。

デジタル広告は主にインターネットという無機質な空間での訴求だけに、ユーザーを購買行動へと誘導するために、信頼性や安心感を持たせることは重要と言えます。

テレビでよく見る有名タレントがWebサイト上でイメージキャラクターとして展開されていることで、見た人が最後のクロージングに向けて背中を押されることが多くなります。財布のひもを緩めるための信頼感をもたらすのに、タレント・キャスティングは必然の効果をもたらすのです。

デジタル広告であるからなおさら、人の温度感やエモーショナルな要素を盛り込むことが欠かせません。人の温もりのないランディングページよりも、好感度の高い〝ひと〟が介在する画面の方が、ユーザーは安心感を抱いて商品に信頼を寄せます。

タレントのファン層を見込み客として獲得できる点も含め、タレントが醸し出す好感度や安心感が、そのまま商品へのイメージとして定着していくのは大きなメリットです。

デジタルマーケティング全盛の今だからこそ、エモーショナルな心の動きをユーザーは歓迎し、企業と生活者との距離を縮めていきます。そこに大きく貢献するのが、タレントの存在であると言えるのです。

タレントを起用したら「SNS」広告を上手に使え！「タレントテレビCM」×「タレントSNS」

デジタルマーケティングの中で、近年急激に存在感を増しているのが、SNSを活用したマーケティングです。

ＳＮＳとは言うまでもなく、InstagramやＸ（旧Twitter）、FacebookやＬＩＮＥなどの私的なコミュニティのつながりのことで、これらを活用してファンを獲得し、企業の売り上げやビジネス成長につなげていくマーケティング活動が活発になっています。

ＳＮＳの持つ拡散力の高さを活かして商品やサービスの認知を広げることができ、何よりテレビＣＭまでの放映料がかからず、制作費も圧倒的にリーズナブルに収まります。コストパフォーマンスの高さを考えても、現在のデジタルマーケティングにおいて重要な手法の一つということができます。

このＳＮＳマーケティングにおいても、タレントの起用は大きな意味を持ちます。ＳＮＳによるプロモーションにタレントを起用することで、タレント自身が持つＳＮＳでのパワーや影響力を活かすことができるからです。

具体的なイメージでいうと、こういうことです。

あるタレントと広告契約を結び、テレビＣＭで商品のＰＲを図ったとしましょう。加えて、商品を使った際の良さや、実際の生活にどのように取り入れているかを自身のＳＮＳの中でナチュラルに紹介してもらいます。

チョコレートのテレビＣＭに出てもらったタレントさんが、新しく買ったバッグの中を見せる画をInstagramにアップした際に、そのチョコレートがさりげなく入っている……という具合です。

できるかぎり宣伝色は抑えつつ（ステルスマーケティングに該当しないための各種のケアが必要です）、日常使いをしている様子を見せたり、自然な形で映像や画像にうつり込むアプローチによって見る人の記憶にインプットしていきます。

タレントのSNSにおいて、こうしたさりげないプレースメントを施す効果は絶大で、当然ながら、高い好感度を持つ影響力の大きな人ほど売り上げは爆上がりします。

タレントを起用してテレビCMを打ち出す場合、SNS広告を組み合わせることで、さらに大きな宣伝効果を発揮することは言うまでもありません。

今は若者を中心にメディアを取り巻く環境は多様化し、スマホの視聴時間がかつてのテレビ時間を完全に駆逐しています。テレビとスマホ＝SNSの両軸でシナジーを生むことができるのがタレント広告でもありますから、これからの時代に必須のメディアミックスの手法ということができます。

ただし、SNSマーケティングでタレントを活用する際には、時として若干のハードルが生じる面があるので注意が必要です。

タレントを抱える芸能事務所やプロダクションの多くは、所属タレントのSNS活動にやや敏感になっています。内容によってはイメージの棄損や、ステルスマーケティングなどコンプライアンス上のリスクをもたらすこともあり、SNS広告に積極的でないことが少なくありません。

それでもすべてをNGとするのではなく、SNS発信の回数など、広告契約の中でいくつかの制限を持たせながらも容認・協力のスタンスを取ってくれる事務所は多くありますから安心してください。

「SNSインフルエンサー」よりも「タレント」が強いポイント

現在SNSマーケティングが重要視されているという話をしましたが、同様に増えているのが、インフルエンサーを活用したマーケティングです。

インフルエンサーとは、主にSNSからの拡散によって世間に大きな影響力を持ち、情報発信している人のことで、彼女（彼）たちを起用して商品やサービスをPRするマーケティング手法が増えているわけです。これをインフルエンサー・マーケティングと呼んでいます。

インフルエンサーは情報の拡散自体を自身の目的にしているわけですから、当然ながらSNSの活用にネガティブなスタンスはありません。影響力のあるインフルエンサーによって新商品のリリース情報が瞬く間に拡散されるという〝効果〟は、今や日常茶飯事となっています。

SNS全盛の今、インフルエンサーを広告に活用するのは有効な方法の一つと思いますが、タレントを起用する場合との違いを認識しておくことが必要でしょう。

言い換えれば、タレントにはないデメリットを知っておくべきということでしょうか。その最も大きなもの、タレントにあってインフルエンサーにない要素として留意すべきなのが、知名度であり認知度、信頼性と言えます。

おそらく多くの方に向けて「著名なインフルエンサー」として名前を挙げても、知っている人はほとんどいないのではないかと思います。というのも、インフルエンサーはテレビよりもセグメントの属性がはっきりしているSNS内での存在であり、あらゆる世代に届くように設計されたお茶の間メディアで人気を得たタレントとは役割が異なります。知名度を強みとする必要はなく、タレントのように存在自体が広告塔になり得るものではないのです。

そうしたことを踏まえれば、商品リリースの初期段階で、不特定多数を相手にした「爆発的な認知を獲得する」ためには、やはり知名度のあるタレントのパワーが最も適しています。

ただし、その次の「商品の浸透を図っていく」フェーズでは、より属性の高いところにリーチしていくインフルエンサーの拡散力に期待する流れも有効になってくるでしょう。

商品リリース後のマーケティングプロセスに応じた戦略で、タレントとインフルエンサーをうまく融合させながら成果につなげていくことが大切というわけです。

例えばタレントを起用した新商品の発表記者会見やイベントに、複数のインフルエンサーに参加してもらうことで、マスメディアを使った認知度向上やイメージアップに加えて、より細かくターゲティングした購買層への拡散を図っていくことができます。

また、その逆でも構いません。これまでインフルエンサー・マーケティングを中心にPRを行っていた企業が、タレント広告を打つことで商品認知に一気に火をつけ、情報拡散との相乗効果で購買層が拡大し、売り上げを爆発的に伸ばした例もあります。

その意味では、タレントの起用はマーケティングのどのようなフェーズにあっても効果をもたらすことが可能と言えます。

今の時代、タレントをＳＮＳの世界でも上手に活用することはとても重要です。加えてインフルエンサーとのシナジーによって情報の拡散を行っていくことも、現代の必須のマーケティング手法と言えるでしょう。

第 2 章

タレント起用で
売上はこんなに変わる！

有名タレントの「爆売力」から目を離すな！

前の章で、タレント広告による絶大な効果を「爆発力」という言葉で表現しましたが、では タレントの爆発力とは何を指すのでしょうか？

芸能人・スポーツ選手・文化人などの著名人を広告に起用することで、企業のブランディングに寄与し、商品やサービスの認知度が爆発的に伸びることを表します。

特に日本や韓国の場合、テレビCMをはじめとしたマス広告におけるタレント起用率は、他の国に比べても群を抜いているといわれます。

では今の日本（2024年現在）で、最も爆発力のあるタレントは誰でしょうか？ 多くの芸能人を差し置いて、誰もが認める存在。それは、メジャーリーグの二刀流スター、ロサンゼルス・ドジャースの大谷翔平選手だと思います。

人気が全米におよぶ名門球団・ドジャースに移籍したこともあり、大谷選手の広告価値は従来に増して一気に爆上がりしました。

2024年時点で、15社の日本企業とCM契約を締結。推測ではありますが、大谷選手の同年におけるスポンサー契約の副収入は6500万ドル（約98億円）に上ると地元の記者が伝えています。メジャーリーグの第2位はフィラデルフィア・フィリーズのブライス・ハーパー選手の700万ドル（約11億円）ということですから、大谷選手の突出ぶりがよく分かります。

企業にとって大きいのは、大谷選手とCM契約を結んだ事実自体がニュースになることです。CMの中身やクオリティ云々以前に、契約自体に大きなニュースバリューがある。こんな広告キャスティングはこれまでいなかったと言って良いでしょう。それほどまでに、大谷選手の持つ価値は爆発的なのです。

もはや広告業界、野球界だけでなく、皆さんご承知のように、自宅を購入した、ペットを飼い始めた、結婚した彼の一挙手一投足に注目が集まり、大谷選手が扱う何かが映像に映り込むだけで消費者の購買意欲を刺激します。

大谷翔平選手がもたらすこうした効果は枚挙にいとまがありませんが、これがまさにタレントの持つ爆発力と言えるもの。注目度の高いタレントを起用することで企業や商品の知名度をあっという間に浸透させていくことができるわけです。

事実、大谷選手と契約した15の企業の商品やサービスは、いずれも売り上げやシェアを伸ばしており、クライアントもその効果に高い満足感を得ているといわれています。

タレントの持つ〝広告力〟は、現在のマーケティングにおいて、あらゆるPR戦略を凌駕してしまう爆発力があると言えるわけです。

大谷翔平選手の爆発力を分析する

大谷翔平選手のような存在はなかなか稀ですが、いつの時代にも「旬」といわれるタレントは必ずいます。フィギュアスケートのオリンピック金メダリスト・羽生結弦さんも広告キャスティング的には爆発力のある方です。

では、なぜ彼らは爆発力を持っているのか。彼らの持つ爆発力とはいったい何でしょうか？

日本のマーケティングにおいて、認知度を上げるための訴求力のあるタレントは、俳優、歌手や芸人といったいわゆる芸能人が主流でした。

彼らの存在価値は、ルックスもそうですが、多くは演技ができる、名前が売れている役者であることでした。あの手この手のクリエイティブで広告的な訴求を行ってきたわけです。

確かに、〝演者〟が創り上げる優れた広告作品は今も生まれていますし、見た人の心に強く訴えかける爆発力を備えた芸能人は数多くいます。CM出演ランキングの上位に位置するようなタレント（芸能人・スポーツ選手・文化人などの著名人）たちはその例でしょう。

ただ一方で、「演じない」ことによる素直なアプローチが、新鮮かつ純粋に生活者の胸を打つ広告手法が近年増えていることも確かだと感じます。

「演じない」ことで、見る人にピュアに訴えかける広告。つくられたものでないというリアリティーが、そのままCM自体の信頼感となって見る人に伝わります。頭で考えさせるのではなく、心にダイレクトに響かせるプロモーションとでも言うべきでしょうか。

それは言うまでもなく、タレントの持つイメージやパーソナリティ、話題性や世の中でのポジション、また時代背景などに大きく左右されるものです。

その意味で現在、メジャーリーグの二刀流スターとして前人未到の領域をひた走る大谷選手は、まさに端的な例と言えます。プレーヤーとしての実績は説明するまでもなく、彼のパーソナリティも相まって、「演じない」広告だからこそ発揮できる圧倒的な魅力を武器に、広告業界でも唯一無二の存在になっているわけです。

爆発力というワードの分かりやすい例として大谷翔平選手を挙げましたが、メディアやライブを通じて活躍を見せる芸能人やアスリート、文化人などの「タレント」が、マーケティングにおいて大きな訴求力を持つ存在であることは明らかな事実なのです。

例えば、次のようなデータがあります。

第1章でもCM総合研究所の調査によるデータを紹介しましたが、タレントを使わないCMに対して、タレントを起用したCMの好感度のシェアは約76％とされています。

さらにタレントCMは、タレントを使わないCMの約2・6倍の認知効率があると示されています。これは、一定の認知を得たい時に約40％の広告量で済む計算になり、特に短期集中で一気に認知を上げたい場合にCM好感度の獲得効率は非常に高くなります。またコストの面でも、プロモーション全体で見た場合には安価で済むケースも考えられます。

このようにタレントを起用することで得られる爆発的な広告効果は、確かなエビデンスとともにリアルな結果として示されているのです。

新たな商品をリリースした際の知名度の向上にタレント広告は非常に有効であり、特に大企業のマーケティング手法として現在まで数多く使われてきました。一方、今では、初めてテレビCMを手掛けるような新興の成長企業も、タレントの広告起用によって認知度が垂直に立ち上がっていく効果が知られるようになり、大企業の専売特許ではなくなりつつあります。

その効果を顕著なものにする「旬」のタレントの見極めを行い、多くの企業にぜひ結果につなげてほしいと思います。

では次から、こうしたタレント・キャスティングで得られる効果や成果について、もう少し詳しく見ていきましょう。

タレント・キャスティングの「6大効果」

企業のマーケティングにおいて、タレントを使うことで得られる効果とは何か？　これまで折に触れて紹介してきたように、タレント起用のメリットは数多くあります。

企業のイメージや理念や方向性、商品の魅力や訴求ポイントなどのストーリーにかなったタレントのキャスティングさえできれば、広告が大きな成果を生み出すのは間違いありません。

この項では、実際に得られるそうしたメリットについて、六つの項目に整理して見ていきたいと思います。

①売り上げＵＰ

タレントを起用した広告によって、商品の売り上げを大幅に増やすことはもちろん可能です。

広告やマーケティングにタレントを使うだけで必ず売り上げが上がる、というのはやや乱暴ですが、可能性を高めるための極めて有効な手段であることは間違いありません。

その要素になり得る一つが、タレントの持つタレントパワーでしょう。好きなタレントがすすめるものや、同じものを自分も使いたい、手にしたいという欲求が、購買意欲につながる効果です。

有名タレントほど多くのファンを持っており、ファンはタレントに対するエモーショナルな結びつきを求めています。ＣＭに出演した彼らを見て、ファンは共感を覚え、瞬時に感情移入していきます。エモーショナルなつながりを築くことで、ＣＭで紹介された商品やサービスを自分もほしいと感じ、購買意欲を高める効果が期待できるわけです。

これが、商品やサービスの購入という具体的な行動となって現れていきます。

②リード獲得数UP

企業が継続的に売り上げを伸ばしていくには、常にリードの獲得に注力していくことがとても重要です。

リードとは、自社の商品やサービスを購入する可能性のある「見込み顧客」のことで、企業は普段の活動の中で、さまざまなマーケティング施策や営業施策を講じてリードの獲得に心血を注いでいます。

獲得方法はそれこそ千差万別で、リスティングやディスプレイ広告などのWeb広告は言うにおよばず、SNSの活用やセミナー、展示会の開催など多岐にわたります。

こうした活動はどの企業でも行っていて、多くは似たりよったり。競合がひしめく中だからこそ、リード獲得のマーケティングにおいて他社より抜きん出る方法が必要なのです。

それが、これらの手段にタレント広告を上手に組み合わせていくことです。

好感度の高いタレントが自社のWebサイトやプロモーション用の素材に載っている。そのことで、BtoB、BtoCいずれの商材においても、相手に与える印象度は大きく違ってきます。高い認知効果によって相手の脳裏に強くインプットされ、タレント起用がもたらす信頼感も相まって、商品やサービスとの距離感をグッと縮めるのです。

それは、営業パーソン一人ひとりが懸命に、「知ってもらおう」「覚えてもらおう」とセールストークをかぶせていくよりも、数百倍の効果をもたらします。

一目瞭然の訴求効果を伴う「(タレントの)○○を使っている企業」という記憶の残り方は、リード獲得へとつながる確かなインパクトをもたらすもの。極めて重要なファーストインプレッションになり得るのです。

③商品の知名度UP

これまで説明してきたように、広告にタレントを起用することで、企業やその商品・サービスの知名度は上がります。商材とタレントとのマッチングを上手に行えば行うほど、知名度の上昇は大きく高まることは言うまでもありません。

例えばタレントのファンは、普段の会話の中で自分の好きなタレントの出ているCMの話をすることがあるでしょう。タレントの話をしているつもりでも、間接的に商品やサービスのクチコミにその人が一役買っているわけです。

商品やサービスに関する一般消費者のクチコミを活用して認知を広めるマーケティング手法を「クチコミ・マーケティング」といい、SNSの出現も相まっていっそう重視されるようになっています。今ではクチコミサイト・アプリによる拡散も主流になりつつあり、マーケティングにおいて重要な位置を占めるようになりました。

その中でタレント広告は、クチコミの有力なトリガーになるものとして、存在感をさらに高めているわけです。タレント広告が商材の知名度アップに直結することはイメージしやすいと思いますが、こうした現在のトレンドに乗せていくマーケティング手法の一つとしても、新たな役割を担っていると言えます。

④企業のブランドイメージUP

好感度の高いタレントを広告に起用することで、企業や商品、サービスのイメージが良くなり、ブランド価値が向上します。

前述したように、タレントが出る広告を見た人は、そのタレントのイメージと企業や商品のイメージとを密接にリンクさせます。それが自分好みの好感度の高いタレントであれば、おのずと企業や商品に対しても好感を抱くわけです。

企業や商品に対するイメージが良いものになると、当然ブランドイメージも良い方向に向上しますから、タレントの力はブランディングに大きく寄与すると言えるのです。

ただし、そこには留意すべきリスクもあります。起用するタレントを間違ったり、広告クリエイティブの中身が見た人に悪印象を与えるものだったりすると、ブランドイメージの向上どころか毀損につながるマイナスプロモーションとなってしまいます。

起用したタレントがトラブルを起こすなどで炎上してしまうケースも同様でしょう。知名度の高いタレントをただやみくもに起用するのではなく、タレントが持つイメージが企業のブランドや目指す方向性にしっかりとマッチしているか。タレントのパーソナリティやコンプライアンスに問題はないか、綿密なリサーチがとても重要になります。

せっかく創り上げたブランドイメージが、広告に起用したタレントの予期せぬ不祥事によって、一瞬にして地に落ちてしまうようなことはあってはなりません。

タレントの持つ爆発的なパワーでブランドイメージの向上を実現できる一方で、やり方を間違ってしまうと大きなマイナスに見舞われるリスクがあります。それを避けるためにも、相応のリスク管理が必要であることも、ぜひ知っておいてほしいと思います。

⑤メディア掲載数UP

タレントを広告に起用することでもたらされるメリットに、その広告自体が「話題性やニュースバリューを持つ」という点が挙げられます。

先のページで、大谷翔平選手がCM契約をするだけでニュースになる、と書きましたが、制作された広告やプロモーションそのものに、ニュースとしての価値が生じるという副次効果が生まれるのです。

テレビの情報番組で、タレントが商品発表会に登場してコメントを発するシーンや、新聞・雑誌で同様の記事を目にしたことがあると思います。

広告そのものの露出に加え、メディアによる発信という二次的な露出が期待できるのが、タレント広告ならではの大きなメリットです。

多くあるパターンとして、タレントとCM契約をすると、介在した広告会社や広告キャスティング会社が、テレビや新聞、雑誌やインターネット関連などのメディアに告知をして、商品発表の場に記者やリポーターなどを招きます。もちろん、すべてのタレント契約で上手にできるわけではないですが、影響力のあるタレントほど、多くのメディアを集めやすく、その点に期待し、商品発表会などによるメディアPRを積極的に行います。

また近年では、有力なインフルエンサーを商品発表会や記者会見の場に招き、SNSを通じて情報の拡散を行うのもマーケティングの常道となっています。同時にタレントが、自身のSNSやブログで商品・サービスを紹介してくれる可能性もあり、さまざまなメディアを通じて一般ユーザーに見てもらえる可能性が高まるわけです。

極論すれば、商品発表会に集まるメディアの興味や狙いは、そこで告知される新商品にあるわけではありません。目的はあくまでも、その場に居合わせるタレントです。

とはいえ、その〝興味〟によって大きな広告効果が見込めるわけですから、クライアントとしても大歓迎でしょう。出演するタレント自身が媒体となり、幅広い層に情報を浸透させていけるのは、この手法ならではの大きなメリットと言えるのです。

⑥リブランディング成功

タレント・キャスティングは新興の成長企業やスタートアップなどの、起業後の早期フェーズでの認知度アップにいっそう効果的と説明してきました。

一方で、経済をはじめとした社会環境が目まぐるしく変わる今、長い社歴を持つ中堅や老舗の企業も、変化に適応しながら長期的な成長を獲得していくことが必要です。

そのために重視されるのが、リブランディングです。

リブランディングは企業に対する従来のイメージを変革するものであり、対外的な印象を良い意味で再構築していく経営戦略と言えるもの。企業そのものだけでなく、ロングセラーで根強い人気のある商品やサービスのリニューアルを周知したり、すでに得ている知名度をより成熟したものにする場合もあります。消費者を飽きさせないための施策として、リブランディングは重要と言えます。

けれども、一度ついたイメージや印象を覆したり、いっそう根付かせていくのは容易ではありません。本来であれば、相応の長い時間を要します。

それに対して、時間をかけることなく、強いインパクトとともに早期に実現できるのが、広告などセールスプロモーションへのタレント起用なのです。

例えば最近印象に残ったのが、伊藤園の「おーいお茶」です。緑茶飲料は極めて競合の多い業界であり、生き残っていくには効果的なリブランディングが必要でしょう。「おーいお茶」は、コカ・コーラの「綾鷹」、サントリーの「伊右衛門」と並んで各種売り上げランキングで必ずと言って良いほどトップ3に入ってくる人気のロングセラー商品ですが、リブランディングに積極的であるのが見てとれます。

その表れとして、2024年4月下旬にドジャースの大谷翔平選手とグローバルアンバサダーの契約を発表したことには驚かされました。

同選手を使ったプロモーションでは、新聞広告として日本経済新聞、朝日新聞、産経新聞、毎日新聞、読売新聞をはじめとした国内の大手新聞と、大谷選手が活躍するロサンゼルスの『LA Times』、全世界62の国・地域で配信される『Financial Times』、さらにハワイの『Honolulu Star Advertiser』などの世界の新聞で露出を行っていくというものでした。加えて、特に大谷選手の人気が高い韓国では、朝鮮日報や東亜日報といった同国の主要5紙に掲載。文字通りのグローバルな市場拡大をにらんでの起用だったようです。

この伊藤園の例は、国内におけるリブランディング＝知名度の成熟に加え、世界市場の開拓という新たな戦略意図もあったと思いますが、老舗のロングセラー商品にいっそう強いインパクトを与える役目として、大谷選手の持つ爆発力が期待された例だと思います。

芸能人やアスリートなどの有名タレントをイメージキャラクターに起用すれば、新商品や新サービスのイメージ創りだけでなく、イメージを変えたい、新たな波を起こして市場の成熟を図りたい、といったリブランディングにも効果的と言えるのです。

以上、タレント広告のもたらすメリットを六つの項目に整理してお伝えしましたが、では実際に、こうした効果をもたらした広告にはどのようものがあるのでしょうか。最近のＣＭで印象に残った特徴的な例を中心に、いくつか紹介してみましょう。

真珠のミキモトはタレント起用でターゲット拡大に成功

株式会社ミキモトは世界で初めて真珠の養殖に成功し、「ミキモト・パール」の名を世界的に広めたジュエリー業界の大手です。現在も真珠の販売で世界一のシェアを誇る名門企業として知られています。

同社が展開する、パールをはじめとしたジュエリーの購買層の中心は、言うまでもなく女性でした。

それが2020年に始まったプロモーションで、「My Pearls, My Style」と名付けたプロジェクトがスタート。第1弾のビジュアルに、俳優の夏木マリさんと千葉雄大さんを起用しました。

パールを身に着ける顧客層にマッチする夏木マリさんは当然として、女性でもなく年齢ターゲット層とも違う、ある意味〝真逆〟の立ち位置にいる若手俳優、千葉雄大さんの起用は意外であり、新鮮な驚きを感じたものです。

聞くと、千葉さんはミキモトのパールの愛好者だったとか。株式会社ミキモトが公式リリースした記者発表のペーパーに、千葉雄大さんのインタビューコメントが掲載されています。彼はこんなふうに話しました。

「僕には、『パールは女性だけのもの』という先入観はまったくありませんでした。もともと友人のファッションデザイナーさんがコレクションでパールのスタイルを提案していたのを見て、素直に『あぁ、格好いいな』と思ったのが、自分でもパールを楽しむようになったきっかけです」

業界トップを走る老舗企業が仕掛けた新たなプロモーション。これまで女性メインだった購買層の枠を超えて、男性にもパールを楽しんでもらうというマーケットの拡大を意図したものだと思います。

実はミキモトは、千葉雄大さんと並行して、俳優の菅田将暉さんを起用したグローバルキャンペーンも展開していました。ジェンダーレスの機運が世界的な広がりを見せる中、「男性×パール」というトレンドを自ら創り出すべく、シンボルとなるタレントを起用して大々的なプロモーションを展開したのです。

まさに時代や性別を超えて愛される、パールのボーダーレスな魅力を訴求していくリブランディングの施策と思います。

これまでのターゲットに加えて、新たなブランド価値を生み出すためのダイナミックな広告戦略。千葉雄大さんや菅田将暉さんの〝イメージ〟が多くのメディアに紹介され、企業や商品の知名度を高め、ブランドイメージのさらなる向上につながったのは言うまでもありません。自らミキモト・パールの所有者だったという千葉さんの起用も含め、インパクトの強いプロモーションであったと言えるでしょう。

「タコハイ」は「みな実〝倍〟売れ」で「600万ケース」を完売！

2023年に登場したサントリーの酎ハイ「タコハイ」のCMをご記憶の方も多いでしょう。俳優・歌手の梅沢富美男さんとタレントの田中みな実さんが出演、田中さんが「タコハイって何味なの？　って思うよね？」とカメラ目線で雰囲気たっぷりに話しかける姿が話題になったCMです。

田中さんの妖艶な目線に、「何味なんだ!?」と一気に興味をそそられた男性も多かったかもしれませんが、同様に同年代の女性たちの関心を惹きつける内容でもあったように思います。

これまで酎ハイ＝タコハイといえば、どうしても男性がメインターゲットであり、女性には少し距離のあるアルコール飲料だったのではないでしょうか。それを田中みな実さんの起用によって、「タコハイ、私たちも飲んでいいんだ！」という共感のマインドを与える効果も大いに得られたように思うのです。

梅沢富美男さんの世代に代表されるような従来の購買層に加え、田中みな実さんの属性やパーソナリティにリンクする女性に、「タコハイってどんな味!?」という興味を抱かせることに成功し、600万ケースの販売数を超える大ヒット商品となる一助となったと言えるでしょう。

実はこのサントリーのタコハイ。最初に生まれたのは1980年代の〝居酒屋ブーム〟の最中でした。

当時、サントリーは焼酎の製造免許を取得していなかったため、同社が販売していた甲類焼酎「サントリー樹氷」をベースにした「マイルド・ウォッカ 樹氷」の名称で売り出していました。

この時（1983年）、「マイルド・ウォッカ 樹氷」のCMとして話題になったのが、コピーライター・仲畑貴志さんと俳優の田中裕子さんのタッグによる「タコなのよ、タコ。タコが言うのよ」のセリフでした。当時の流行語になるほどのヒットを記録し、それが

「タコハイ」の名称に変わる要因になったそうです。

「マイルド・ウォッカ」から「タコハイ」に生まれ変わったCMでも、もちろん田中裕子さんを起用。「何？　何？」と不思議がる田中さんのバックに、たくさんのタコのイラストがうごめいていた不思議なCMをご記憶の中高年の方も多いかもしれません。

当時もタレントCMを上手に使い、爆発的な訴求力でリニューアル商品の大ヒットにつなげたサントリーの「タコハイ」。約40年の時を越えて、再び同様の実績を弾き出したのですからたいしたものです。

同じ「田中」さんのタレント起用も狙いの一つだったかどうかは定かではありませんが、こうした連綿と続くストーリーを演出できるのも、タレント広告がもたらす魅力の一つと言えるのではないでしょうか。

平野紫耀「翠ジンソーダ」は市場倍増・工場に「55億円」投資！

企業が新たな市場拡大に向けて、意外なタレントを起用するケースは多くあります。先に挙げた千葉雄大さんのミキモト・パールはジェンダーレスの訴求によるスタイル提案の要素が強く、サントリー「タコハイ」をひもとけば、商品の刷新に伴うブランディングの強化という側面がありました。

加えてシンプルに、新しい年齢層をターゲットにした商品訴求を行うプロモーションも多々あります。2024年にヒットした、サントリーの「翠（SUI）ジンソーダ」などはそれに当たるように思います。

「翠（SUI）」は柚子や緑茶、生姜という3種の和素材を使用した、さわやかな味わいが特長のジンです。それをソーダで割ったのが「翠ジンソーダ」ですが、缶容器バージョンを新たにリリース。テレビCMのキャラクターとして起用したのは、人気アイドルグループ「Number_i」の平野紫耀さんでした。

平野さんはお酒のCM初出演ということで、プロモーションにおいても「お酒のコマーシャルに初出演」という枕詞を積極的に発信していました。

実際のCMでは、立ち飲み屋のカウンターで平野さんが、共演のお笑いグループ「東京03」の角田晃広さんに「(翠ジンソーダ) どんな味なんですか?」と尋ねるシーンがクローズアップされます。

角田さんが「まるで清流」と例えると、平野さんは「翠ジンソーダ」をひと口。すると、青空や木々などの自然のイメージが一気に広がり、思わず「いと清々し」とつぶやく……というストーリーでした。

平野さん自身、初のお酒のCM出演という新鮮さが「清々しさ」のイメージにマッチして、商品の世界観をその方向へと導いていきます。

おそらく、初めてお酒を飲むような若い世代に対する訴求効果は抜群でしょう。比較的お酒にこなれた人が飲む「ジン」のイメージを変え、誰でも気軽に味わうことのできるカジュアルさを伝えるCMになっていたように思います。

制作されたテレビCMのタイトルも、『平野紫耀はじめての翠ジンソーダ』篇という分かりやすさ。男女問わず、従来のジン「翠（SUI）」の購買年齢層を圧倒的に下げていくためのプロモーションとして、実に効果的な仕上がりになっていたように感じます。

ちなみにサントリーでは、さらに「ジン」拡販への取り組みを強化し、2030年には、国内ジン市場を2020年比で6倍以上となる450億円規模に拡大させるとしています。

加えて、ジン「翠（SUI）」の重要な生産拠点である大阪工場において、2025年にかけて55億円の設備投資を実施。生産能力を2・6倍に増強し、需要の高まるジンなどスピリッツ・リキュールの生産能力および品質向上を目指すということです。

こうした投資の裏に、今回のタレントCMを中心としたプロモーションがあり、市場の拡大を軸にした企業成長と密接にリンクしていることが分かります。

人材サービス26年目のディップ社が大谷翔平選手を広告に起用

この章の冒頭で、今の日本で最も爆発力のあるタレントは誰か？　という文脈で、ロサンゼルス・ドジャースの大谷翔平選手であると書きました。

この章が、「タレント広告の持つ訴求力があらゆる効果をもたらす」……という事実の紹介であることを考えれば、最後に書くとすればやはり、大谷選手のことにもう少し触れないわけにはいかないでしょう。

あらためて大谷翔平選手は現在（2024年6月）、15の企業と広告契約を結んでいるといわれています。前述した伊藤園のほかにも、日本航空（JAL）やセイコー、セールスフォースやニューバランスなどの、世界を代表するトップ企業が含まれています。

ただその中に、少し〝意外？〟なクライアントがあることにも興味がそそられるのですが、皆さんはいかがでしょうか？

その一つとして挙げたいのが、人材会社のディップ社の存在です。リクルートHDやパーソルHD、パソナグループを差し置いて大谷翔平選手とブランドアンバサダー契約を結んだと聞いて、良い意味で驚かされました。

そして大谷選手を起用したことによる「効果」にもまた、大いに驚嘆しました。

ディップ社は2023年12月31日から、大谷選手が登場するテレビCMのオンエアをスタート。同社が翌年2月の決算期で発表したところによると、大谷選手のCM起用について、テレビの情報番組で約60件（合計放映時間は約2時間）、Webでの記事掲載が約700本、約1000の雑誌・新聞で記事紹介され、YouTube上で約1000万回再生されたそうです。これらの露出を、実際に広告枠を買った場合の広告額に換算すると、なんと「16億5000万円」に該当すると試算されました。

また、企業認知度も大きく向上しました。あるインターネット調査では、CM放映前のディップ社の認知度は64％だったのが、放映開始後には74％に上昇したといいます。

売り上げの面でも同様です。大谷選手のCM開始後の第四半期（2023年12月〜翌年2月）の同社のセグメント利益は、前年同期と比べて、実に52％増の45億3600万円と大幅な伸びを記録しています。

さらに、2023年8月時点の個人株主は約1万5000人だったのが、2024年2月には3万3000人と2倍以上に増加。株主優待として大谷選手のオリジナルQUOカードを制作したことも功を奏したようで、他の施策との連動効果もあり、経営基盤の拡充にも大きな効果をもたらしたということです。

まさにディップ社での大谷選手のケースは、タレントを起用した広告がもたらす、極めて顕著な成功例ということができます。

ディップ社が大谷選手と契約できたわけ

大谷選手にかぎらず、これまでいくつかのタレント広告の例を挙げて説明してきましたが、読んでいただいた中堅・中堅企業の経営者の皆さんは、ある疑問に直面されたかもしれませんね。

「効果は分かるが、実際に自分の会社の広告に、著名なタレント（芸能人・アスリート・文化人など）が出てくれるのか？」という疑念や不安……です。

けれども、ご安心ください。あらためて答えを言うと、もちろん「YES」です。

どんなに著名な旬のタレントでも、あなたの会社の広告に出演してくれる可能性はゼロなんかではありません。

では、このディップ社の場合は、なぜ大谷翔平選手と契約できたのでしょうか？

結論は、この言葉に集約されるということかもしれません。

同社の冨田英揮社長をはじめ、契約のとりまとめを主導したマーケティング統括部長の堀一臣氏は、自社Ｗｅｂサイトの中でこうコメントしています。

「私たちの想いが伝わった」という言葉です。

「詳しい交渉の経緯は説明できないが」と前置きしつつ、「ディップ（dip）の社名は、dream（夢）・idea（アイデア）・passion（情熱）の頭文字を取ったもので、大谷選手はまさにそれを体現している方。私たちとしては、大谷選手に会社としての理念を事前に伝えて、その想いが伝わった部分があると思っています」（堀氏）

実はディップ社の冨田英揮社長は大谷選手との契約を熱望し、前所属チームのエンゼルス時代から、アナハイムのエンゼルスタジアムに自社看板を出すところからスポンサードをスタートしています。

おそらくその過程で、自ら築いてきた企業の成長ストーリーの根幹にある理念、「私たちディップ社は夢とアイデアと情熱で社会を改善する存在となる」の想いが大谷選手に届くこととなり、その共感から、ブランドアンバサダーの契約オファーの快諾に至ったのではないかと推察します。

アンバサダーへの就任発表と同時に、大谷選手と冨田社長との対談動画が同社の公式チャンネルにアップされ、大きな反響を呼び起こしたのは記憶に新しいところです。

対談内容のクオリティの高さも相まって、通常の同社のPR施策に比べ、10倍以上のメディア露出を実現できたのも容易にうなずける話でした。

好感度が高いタレントと聞くとハードルが高いと思われるかもしれませんが、同じようにもタレントには「出演したくなるボタン」が存在します。

実は、タレント側には何個かのボタンがあります。「出演したくないボタン」「出演しても良いボタン」そして「出演したくなるボタン」です。

彼らにとっての広告出演に前向きになる「ボタン」とは、コンテンツにストーリー性があるかどうか、クライアントの経営に理念やビジョンがあるか否か……それらに対し共感ができるかどうかであることが多いのです。

つまりタレントに共感してもらえるような固有のパーパス、ビジョンなどがあれば、難しいと思っていたハードルが一気に下がることが普通にあるのです。

起用したいタレントのパーソナリティもそうですし、人間関係やたどってきたキャリアなどのバックボーンもしかりでしょう。加えて、その人が今何に注力してどのような活動をしているか。そうしたさまざまな要素を細かく把握することで、タレントのキャスティングへのハードルはグッと下がることをぜひ知っていただきたいと思います。

第3章

タレント起用は
あなたの会社でもできる

そもそも広告キャスティング会社とは何なのか？

ここであらためて質問です。皆さんは、広告キャスティング会社というものをご存知でしょうか？

よく芸能事務所と混同される方もおられるように、まだまだこの日本では耳慣れない業種かもしれません。けれども皆さんが日頃目にする、タレントの出演するテレビCMなどの広告媒体には、この広告キャスティング会社が介在しているケースが多くあります。

つまり広告キャスティング会社とは文字通り、芸能人・スポーツ選手・文化人などのいわゆる「タレント」の広告出演のキャスティングを専門に扱う会社のことです。

芸能事務所は基本的に自社所属のタレントのことしか知りませんが、広告キャスティング会社はあらゆる事務所に所属するタレントの情報を把握しています。

また広告会社はタレントのキャスティングが専門ではありませんから、持っている情報にも限界があります。

その点、広告キャスティング会社はそれを専門にビジネスを展開しているスペシャリストのため、タレントに関する広範囲で細かな情報を有しています。自社のマーケティング戦略にタレントを起用したい時、タレントと自社との橋渡しをするプロフェッショナルと言うべき存在なのです。

「CMやイベント、セールスプロモーションに、ぜひタレントを起用したい」

「でも、どこから何をすればいいのか分からない」……

これまでタレント起用の実績もないし、芸能事務所やプロダクションにどうアプローチしていいのかも分からないケースはきっと多いでしょう。

そうした時に、クライアントと芸能事務所との間に入り、あらゆるキャスティング関連業務を請け負ってプロジェクトを成功へと導いていきます。

具体的に、広告キャスティング会社が行う業務は、大まかに以下のようなものがあります。

・タレント候補のリストアップ・競合他社の契約状況・コンプライアンスの確認
・広告企画に関する内容の検討
・所属事務所への出演交渉およびスケジュール確認
・契約書の作成と契約の締結
・撮影当日のサポート

・撮影後の制作物の確認サポート
・契約タレントのアフターケア
・契約の管理　など

図3-1　キャスティング業務の流れ

①【オリエン】クライアントからの相談
②【企画制作】営業・制作・マーケ・キャスティング企画
③【提案】クライアントへの提案（候補者リスト提示）
④【フィードバック】クライアントからのお戻し
⑤【事務所交渉】事務所への裏取り交渉
⑥【報告】クライアントへ裏取り結果ご報告
⑦【提案】企画内容・条件交渉・スケジュール確認
⑧【報告】クライアントへのフィードバック
⑨【事務所報告】事務所への決定出し
⑩【契約】契約書作成
⑪【契約】契約締結
⑫【報告】クライアント・事務所へ撮影案内
⑬【同行】撮影当日のアテンド
⑭【確認】撮影後の制作物確認
⑮【事後対応】契約タレントのアフターケア
⑯【管理】契約管理
⑰【報告・交渉】契約終了告知、もしくは延長契約の交渉

また、もう少し業務を細分化した中で見ていくと、クライアントからの相談を受けたあと、プロジェクト終了までの流れは図3－1のようになります。

こうした一連の業務を担うのが広告キャスティング会社であり、相談を受けて案件の終了までの細かなプロセス一つひとつに高い専門性を有しています。

いざタレントを自社の広告に使いたいと思っても、そこには業界ならでは

のさまざまなハードルがあります。タレント起用の際にはおのずと細かな契約が必要になり、ノウハウのない一般企業の宣伝部などではなかなか対処に困るでしょう。

その点、広告キャスティング会社は契約業務のノウハウは言うにおよばず、タレントのプロフィールや出演情報、そのほかタレント広告に関する専門知識や経験を豊富に備えています。クライアントの求めるイメージに沿ったタレントの提案も含め、スムーズなキャスティングが〝一気通貫〟で可能になるわけです。

まずは広告キャスティング会社に問い合わせる

これまで、大企業の宣伝部やマーケティング部がタレントを起用したいと考えた場合、クライアントの広告関係の業務を一括して請け負う「総合広告会社」（電通・博報堂・ADKなど）に依頼するのが基本的な流れになっていたと思います。

総合広告会社は一般的なタレントのキャスティングを含め、あらゆるマーケティング関連業務を担うトータルのノウハウを有しています。ただ、こうした業界が存在するのは日本特有の文化で、例えばアメリカやヨーロッパなどには見られません。

欧米の場合、広告に関する総合プロモーションの中でタレント・キャスティング業務まで担うのは稀で、多くの場合それは切り離して業界が成立しています。メディアのプランニングを担う広告会社、メディアの広告枠を買い付けるバイイング専門の広告会社、クリエイティブエージェンシー、そしてタレント・キャスティングのエージェンシーと役割ごとに分かれているわけです。

そうした構造の中で、タレント・キャスティングの業界が日本よりも鮮明に確立され、クライアントである企業に固有のノウハウを提供しているのです。

近年、この流れは、実は日本でも高まりつつあります。つまり企業が自社の広告戦略を考える時、タレント・キャスティングの部分を切り離し、専門の広告キャスティングエージェンシーに依頼するという流れです。

ではクライアントである企業にとって、このメリットはどこにあるのでしょうか?

もちろん、「大手総合広告会社」にタレント活用の広告プロモーションすべてを依頼する場合のメリットも多々あります。特にナショナルクライアントといわれるような大手企業の場合、従来のビジネス慣習もあって、前述した日本の3大広告会社に依頼するケースがほとんどと言えます（近年はネット広告の隆盛から、サイバーエージェントといったデジタル広告会社も大きく売り上げを伸ばしています）。

これらの「大手総合広告会社」は幅広い広告枠を扱っているため、複数のメディアを横断した多彩なプロモーションを企画でき、クリエイティブの質の高さも含めてクライアントの希望に添った広告が打てるという強みがあります。

ただその半面、新興の地方企業やベンチャー企業、スタートアップ企業などは費用の面でも敷居が高く、そこまで大掛かりなプロモーションを想定していない場合にはアンマッチとなる場合も少なくありません。

そうしたニーズに応える存在として伸びているのが、欧米で独立した業界として成長する「広告キャスティング会社」の存在というわけです。

「広告キャスティング会社」はその名の通り、タレント・キャスティングに関するエキスパートでありプロフェッショナルですから、専門性の高いノウハウをおのずと有しています。

その役割は前の項で説明しましたが、あらゆる広告やマーケティングにおいてタレント起用をしたいと考えた時、まずは「広告キャスティング会社」に連絡することで、その後の流れをスピーディーかつフレキシブルに進めることが可能です。

加えて、クライアントの想定するタレント活用のニーズに細かく応えられることで、トータルコストを抑えることもできます。

大企業の宣伝部はもちろん、前述したような地方企業・ベンチャー・スタートアップのマーケティング戦略において、「広告キャスティング会社」の〝小回りの利く〟タレントプロモーションは、きっと新たな価値を与えるものになると言えるでしょう。

〈大手総合広告会社と広告キャスティング会社のそれぞれのメリット〉

〈大手総合広告会社に依頼した場合のメリット〉

・戦略からクリエイティブまで含んだトータルの提案と実施ができる。
・パブリシティ（広報）戦略の立案と実施ができる。

〈広告キャスティング会社に依頼した場合のメリット〉

・キャスティングの専門性が高くスピード性と正確性の高い進行が可能。

また、タレントを起用したい時、「芸能事務所やプロダクションに連絡すればいいのでは？」とお考えの方がいるかもしれませんね。

日本には、いわゆるタレント事務所といわれものは、およそ2000社あるとされています。タレント一人だけが所属する事務所も多々あり、大手といわれる事務所から超零細まで本当にさまざまです。

その中で自社の広告イメージに合致するタレントを探すのは至難の業ですし、意中のタレントがいたとしても、競合のリスク（第5章で詳しく説明します）や業界ならではの慣習、またギャラの交渉など分からないことだらけだと思います。また人気のあるタレントほど、企業からの直接のコンタクトだと交渉のテーブルにさえついてくれないケースもあり得ます。

その点、広告キャスティング会社であれば、起用におけるさまざまなハードルを取り除いた上で、クライアントの要望に合致するタレントを即座にリストアップして提案することが可能です。業界の慣習やビジネスルールも熟知していますから、タレント事務所側もストレスを感じることがなく、喜んで交渉のテーブルについてくれるわけです。

自社のマーケティングや広告へのタレント起用を検討する際には、まずは広告キャスティング会社に連絡をしてみること。これが、効果を最大化させるためのタレント広告の基本の「キ」であることを、ぜひ知っていただきたいと思います。

広告業界とタレント・キャスティングの仕組みとは？

タレント・キャスティングをコアにしたマーケティング戦略を考える時、ナショナル企業（大企業）の場合と、外資系企業・スタートアップ企業・中堅企業の場合とで、大まかに二つの流れがあります（図3－2参照）。

Ａ（ナショナル企業）の商流の場合、広告会社に位置するものの多くは、電通・博報堂・ＡＤＫなどの大手総合広告会社です。ここが一括して、タレント起用を軸にしたマーケティングやプロモーションを展開していきます。

一方、Ｂ（外資系企業・スタートアップ企業・中堅企業）の場合は、クライアント企業が直接、広告キャスティング会社にプロモーションを持ちかけるケースが多くあります（図3－3参照）。

その場合、広告キャスティング会社は大手総合広告会社の出身者がスタッフとなってい

図3-2　広告業界とキャスティングの仕組みとは

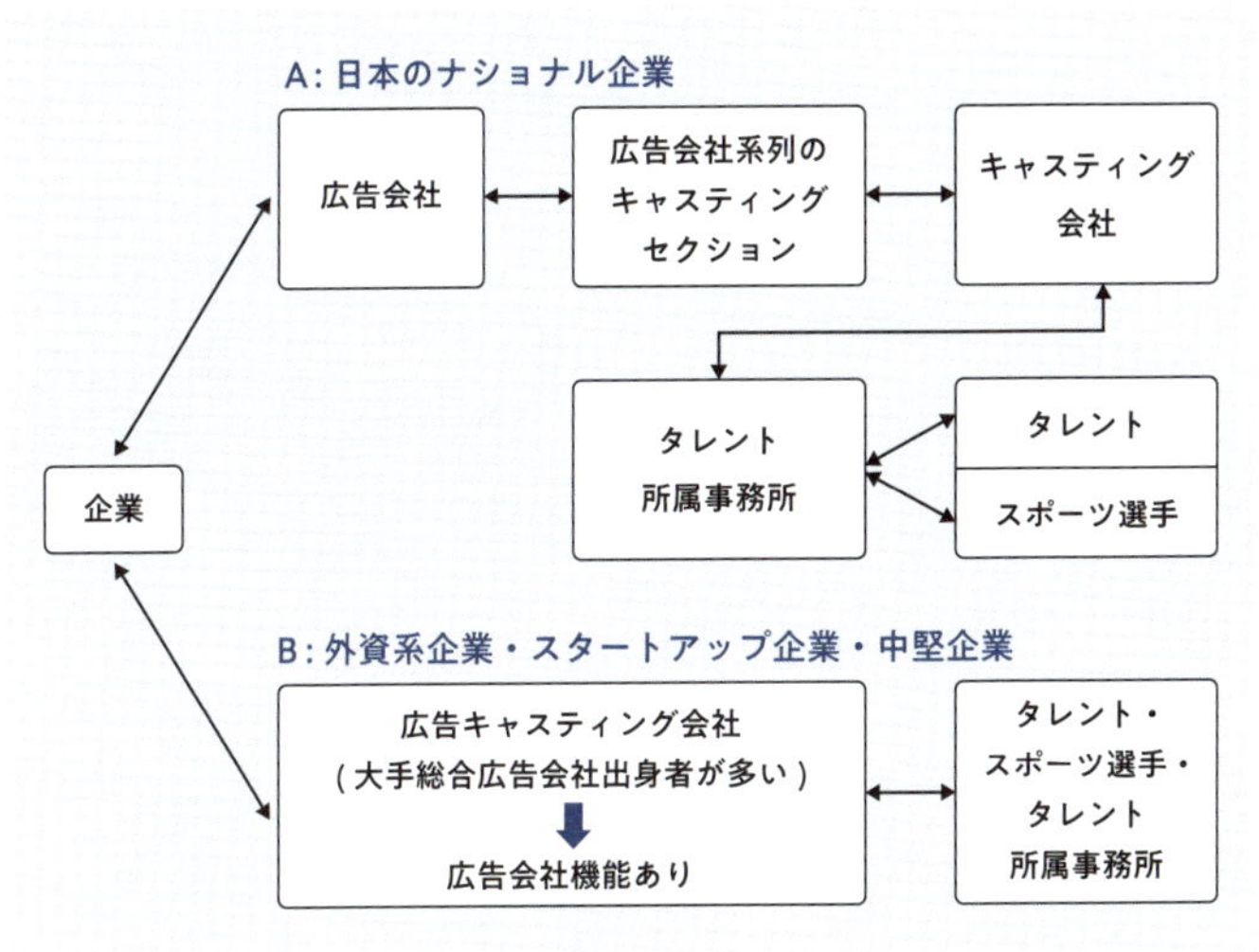

ることもあり、広告企画やプロモーションの中身までを併せてプランニングするノウハウを有しています。つまり、その場合は広告キャスティング会社の場合も大手総合広告会社と同様に、マーケティングの企画から制作、タレントとの交渉までをワンストップで行うことが可能なのです。

AとBの商流それぞれにメリットはありますが、スタートアップ企業や外資系企業がBを好む理由としては、広告キャスティング会社とダイレクトに商談することで、よりスピード感のあるプランニングが可能になる点が挙げられるでしょう。また商流がシンプルなだけに、コストの面でもそれなりのメリットが期待できる部分もありま

図3-3　広告キャスティング会社　制作のステップ

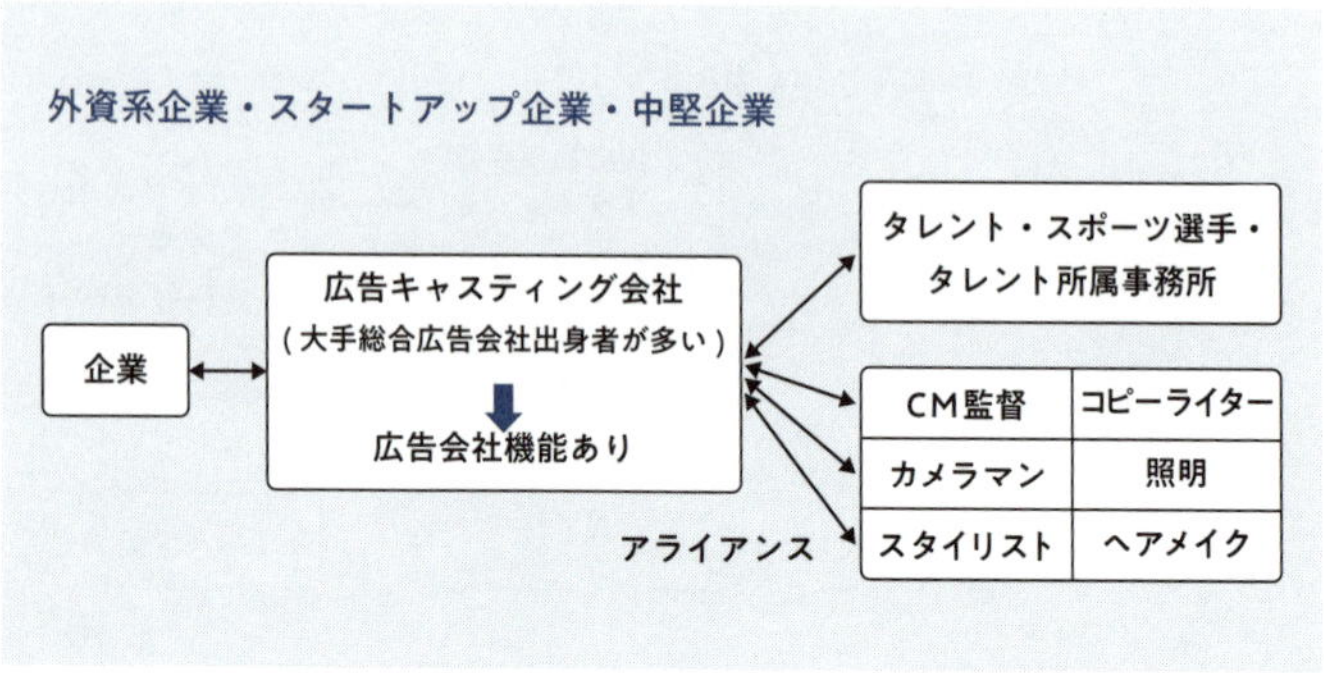

す。

AとBどちらの流れがクライアントによってふさわしいのかは案件によってさまざまですし、一概にAかBか言い切るのは難しい面がありますが、まずはこうした仕組みがあることをご存知いただければ、と思います。

委託から納品まで——広告制作のステップ

広告キャスティング会社には大手総合広告会社の出身者が多いと説明しましたが、そのことは広告制作、クリエイティブのノウハウを十分に有していることを表します。

つまりは、CM監督・カメラマン・コピーライターやスタイリストなどとのアライアンスをいつでも組むことができ、チームとして質の高いクリエイティブを提供することが可能なわけです。

クライアント企業はもちろんのこと、タレントの側も広告制作において、自身を最も良く魅せてくれる、魅力を引き出してくれるスタッフを求めています。

その点、広告キャスティング会社の多くは確かな経験を持つスタッフを擁し、そのぶん豊富な人脈を有しています。大手総合広告会社と遜色ないクリエイティブを提供することが可能である点も、広告キャスティング会社の持つ強みの一つと言えるでしょう。

広告制作における「適正価格」とは？
①〜制作費と媒体費〜

タレントをCMに起用したいと考える時、多くの企業が懸念されるものの一つに、費用のことがあると思います。一般的にタレント広告は「お金がかかる」というイメージがあるかもしれませんが、では実際にどのような費用が必要になるのでしょうか？

大まかに分けて、テレビやラジオ、雑誌や新聞などの媒体の種類にかかわらず、まずはその媒体費（放映費や掲載費など）が生じます。加えて広告のクリエイティブを制作するための制作費、そしてタレントを起用するために支払う契約金の三つが挙げられます。

前者の二つの費用はメディアの種類や頻度、クリエイティブ制作の中身などによって千差万別です。

例えば、いわゆる大手総合広告会社にテレビCMの制作を依頼した時、15秒や30秒スポットの制作費は、タレント起用のギャラを除いて2000～5000万円程度といわれています。

ただし、どのようなクリエイティブにするのかによって大きく異なり、例えば海外ロケを行いたいという要望があれば費用は一気に跳ね上がりますし、逆に制作費を極力抑えたいということであれば、つくり方によってそれなりのコストダウンは可能でしょう。

価格設定が難しいのが、メディアに支払う媒体費です。雑誌や新聞の広告については価格設定が明確で、発行部数や対象エリア、スペースに応じて媒体サイドが明確に定価を決めているのが普通です。クライアント側の価格の把握も比較的シンプルに行うことができます。

一方、テレビCMの場合はかなり複雑になってきます。ちなみにテレビCMには大きく分けてタイムCMとスポットCMの2種類があり、ひとつの番組のスポンサーとして放送されるのがタイムCM、バラバラの番組や時間に放送されるのがスポットCMです。

スポットCMはタイムCMのように特定の番組を指定せずに時間枠だけを指定して放送でき、販売単位は通常15秒。タイムCMは30秒が販売単位となります。

肝心の費用ですが、タイムCMの料金は番組の視聴率や放送時間、ターゲット層などに応じて金額が変動します。スポットCMの場合も視聴率などを基に換算され、金額が決定されます。テレビ局によっても基準が異なるなど変動的な要素が大きいため、なかなか〝定価〟として把握することが難しいわけです。

ちなみにスポットCMである程度の認知度を獲得したい場合、一般的に3カ月程度の期間でリーチしていくことが必要といわれます。民放キー局で15秒のスポットCMを1回流すと金額はおよそ75万円以上が相場とされ、全国スポットでの放映をその期間で毎日数回続けた場合、3〜4億円のイメージと言えるでしょうか。

一方、固定の番組のみに出稿するタイム広告の場合、週1回のゴールデンタイムの番組スポンサーだと月額にして2000〜3000万円が相場かと思います。スポット広告よりも放映回数は劣ることになりますが、その番組を視聴する固定層のみをターゲットにしたい場合などは有効と言えます。

ただテレビCMは、なにも全国に流さなくても、47都道府県のエリアを限定した中でオンエアすることも可能です。いわゆるローカルCMというものですが、当然ながら全国CMに比べると圧倒的に安価なのです。

仮に全国CMだと「ウン億円」だった放映料が、1県限定のローカルCMだと、100分の1の数百万円で流すことが可能です。

テレビのCM放映料は近年手が届きやすくなっているとお話ししましたが、どのような規模（エリア）に向けてどのようなCMを制作するかで費用は千差万別です。

キー局からの全国放映なのか、どこかの地方のみのローカル放映なのかで媒体費はまったく違ってくることも、大切な要素として付け加えておきます。

広告制作における「適正価格」とは？ ②～タレントの契約金～

タレント広告の三つめの費用に挙げた「タレントの契約金」については、ある程度の〝相場〟というものがあります。

広告キャスティング会社は、約2000社におよぶ芸能事務所に所属するタレントさんの契約金相場をあらかじめ把握していますから、「適正価格」を見誤ることがありません。

事務所から法外な金額を要求されるようなこともありませんし、逆にギャラに対する〝抑え〟が効くわけです。

芸能事務所の中には、キャスティングのノウハウを持たない企業を相手にすると、所属タレントの契約金について、いわゆる「定価販売」が多いです。

その点、実績のある広告キャスティング会社ほど、事務所側も今後の付き合いを重視せざるを得ませんから、いたって良心的な金額で出演に応じてくれるケースがあり得ます。

タレントの契約期間は多くのCM広告の場合、一過性のイベント出演などは別にして、基本的には1年間のスパンで結ぶのが普通です。現在、日本人タレント（芸能人・スポーツ選手・文化人などの著名人）で最もギャランティが高額といわれているのがロサンゼルス・ドジャースの大谷翔平選手で、年間数億円ともいわれています。

もちろん、タレントのギャラは知名度や活躍の度合いなどによって市場原理がはたらき、人気のある人ほど高額になります。現在突出している大谷選手は別としても、これまでの実績や慣例を踏襲する形で、CMギャラの相場はいくつかの〝ランク〟に分かれているのが一般的です。

これはあくまでも相場というもので、かなり大まかな基準であることが前提です。

タレントの値段は時価が基本です。その一方、お得意様料金など弾力性もあり、初見ではわかりにくい価格体系です。そのため初見客はリスクも考慮され、値引きの少ない定価設定になってしまいます。

このようにタレントのギャラは知名度や人気度によって相場があり、トップクラスの注目度を誇る芸能人やモデル、スポーツ選手などはどうしても高額になります。

おおよそ、年間1000万円から1億円あたりがタレントの出演料相場と言えるのでは？　と思います。

その際、値引きというものはあるのでしょうか？　実はあります。

タレントや所属事務所との交渉に専門的ノウハウを持つ広告キャスティング会社であれば、事務所側がギャランティについて柔軟なスタンスで対応してくれることが多く、結果として実質的な値引きになることがあります。どこの世界でも同じだとは思いますが、専門知識を持つスタッフが過去の経験やノウハウに基づいて交渉を行うことで、契約を有利に進められることはキャスティングの世界でもやはり多いと言えます。

〝狙い目〟はラジオのタイム広告!?

これまでテレビCMについての費用を中心に説明してきましたが、個人的にもおすすめの媒体広告が、ラジオ番組のタイム広告です。

というのも、皆さんもお感じになったことがありませんか？　ミュージシャンや俳優、お笑い芸人まで、驚くほど多くのタレントさんがラジオで自分の冠番組を持っています。FMやAMを問わず、番組のパーソナリティとなって自由なトークを披露していますよね。実はタレントやミュージシャンは皆さん一様に、ラジオ番組が相当に好きなのです。

ここだけの話、ラジオ番組の出演料はそれほど高くはありません。彼らの知名度からすると、「え？　そんなもの？」と感じるほどの金額です。なのに、なぜ皆さんはラジオ番組が好きなのか？

それは、自分の名前で番組を持ち、自分だけの情報をファンに向けて自由に発信できる。文字通り、自身の〝パーソナリティ〟を前面に出しながら好きなように話せる場は、なかなか他では得られないからです。

加えて、番組制作にあたってプロデューサーなどとの打ち合わせなどに自らあたることで、最新の音楽情報やエンタメ情報に触れて勉強になる面もあるそうです。こうしたことから、多くのタレントがラジオ番組に一定の価値を感じているといいます。

ただその半面、ラジオ番組にはネックがあります。それは、広告スポンサーがつきにくいこと。視覚効果のないラジオは媒体としてのパワーがどうしても弱いため、著名な一流タレントの冠番組であっても、スポンサーをつける上で局側が四苦八苦することも少なくないといいます。

実はそこに、ラジオ番組への広告出稿価値があると思うのです。ただでさえ、ラジオ番組の広告料はテレビに比べて破格の安さです。加えてラジオの冠番組のスポンサーに名乗りを上げることで、テレビCMへの出演のハードルを下げるなど、タレント側の協力的なスタンスを取り付けるメリットが期待できます。

具体的には、ラジオ番組のタイム広告との抱き合わせでテレビCMのスポンサーになるという方法も効果的でしょう。ギャラ交渉がしやすくなり、何よりタレントの方が柔軟なスタンスで交渉に応じてくれる可能性が高まると思います。

こうした交渉の工夫もまた、タレント・キャスティングを優位に進めていくためのポイントの一つと言えるでしょう。

タレント起用の保険機能になり得るのが広告キャスティング会社

タレントを広告に起用する時、間に入る広告キャスティング会社には〝保険機能〟が備わっていることをご存知でしょうか。

通常はまず考えられませんが、仮にクライアントの企業が直接、タレント事務所と契約することになったとしましょう。そのあと、契約したタレントが何かの不祥事を起こしてしまうなど、契約タレントとしての役割を果たせない状況になった時――。

最近も世間をにぎわせたタレントさんの例は多々ありましたから、こうしたケースが起こり得ることは皆さんもよくご存知だと思います。

不倫・薬物使用・性加害などのスキャンダルをタレントが起こしてしまった際に、企業が直接契約していると、相応のリスクが伴うことになります。

それが、広告キャスティング会社を通した契約にすることで、そのリスクは広告キャスティング会社が負う、つまりは対応策を広告キャスティング会社が施してくれることになるわけです。

余談ですが、数年前に不倫問題でテレビなどの表舞台からの降板を余儀なくされたタレントのAさんでしたが、当時ちょうど、あるメーカーのB社と広告契約を結んだところでした。にもかかわらず、タレント活動をすべて休止せざる得ないほどのスキャンダルを起こしてしまい、クライアントは当然激怒しました。

クライアント側に落ち度はありませんし、責任を負うのはタレントでありタレントの所属事務所、そして広告契約に携わった広告会社Cとわれわれ広告キャスティング会社でした。

実はこの時も広告キャスティング会社が介在しておりました。クライアントには直ちにお詫びをし、その上で即座に代替のタレントをリサーチしてオファー。受けてくれたのが、人気絶頂のお笑いタレントDさんだったのです。

クライアントにはこれ以上迷惑をかけないよう、誠意を持った対応で即座に動き、迅速に代わりのタレントとしてDさんを提案して、契約へとこぎつけました。

急な代替起用であるにもかかわらず、Dさんは渾身の演技（ゴキブリのコスチュームも喜んで引き受けてくれました）とサービス精神で収録に挑んでくれ、クライアントにも高評価のクリエイティブとなりました。できあがったCMも好感度が高く、商品の売れ行きも好調だったと聞いています。

このように、契約したタレントに万一の事態が生じても、広告キャスティング会社の迅速なリカバリー対応によって事なきを得るケースは多々あります。

広告キャスティング会社が間に入ることによって、「転ばぬ先の杖」としての保険機能を備えることにつながるわけで、トラブルによる傷を最小限に抑えられたことで、クライアントにご納得をいただける結果となった例でもありました。

また、そこまでの不祥事やスキャンダルでなくとも、例えば撮影の段取りをしてタレント側にその旨を伝えていたはずなのに、当日現場に来なかった……なんてことがあったとします。あってはならないことですが、手違いも含め、アクシデントが起こり得る可能性はゼロではありません。

広告キャスティング会社が間に入っていれば、手違いなどのアクシデントが起こる確率はグッと減りますし、万一それが生じても、責任は広告キャスティング会社が負ってくれます。

これは、広告にタレントを起用するという思い切った施策に挑む企業にとっての、重要なリスクヘッジになり得る保険機能なのです。

タレントやスポーツ選手は想像以上に広告契約を喜ぶ

タレントは言うまでもなく、表現者としてさまざまな仕事をこなしています。テレビや映画への出演、雑誌などの紙媒体やネットへの露出、舞台での公演など多岐にわたります。その中でも、企業や団体の広告塔としての活動は、その代表的なもの。社会にもたらされる商品やサービス、ブランドのシンボルとして、消費者に対して今なお大きな影響力を持っているのがタレントという存在でしょう。

そしてタレントにとって、ＣＭなどの広告に出るという仕事は、日常的にこなしていくあらゆる活動において非常にプライオリティの高いものと認識しています。つまり、企業からの広告起用のオファーやアプローチには、常にウェルカムの姿勢だと言っていいのです。

もちろん、広告なら何でもいいというわけではありません。所属する事務所のスタンスも含めて、自身のイメージが壊れないもの、好感度に沿ったものであることが大前提ですが、それらが守られるものであれば基本的には大歓迎の仕事と言えます。

あらためて、その理由は何でしょうか？

代表的な一つは、その高いコストパフォーマンスということでしょう。

例えばテレビCMへの出演を例にとると、多くの場合で撮影は1日程度の短期間で終わり、作品自体も数十秒とコンパクトですから演者としての負担は大きくありません。その割に収入は数百万円から数千万円と高額で、タレントの仕事としての費用対効果は抜群に高いのです。

加えて、テレビにかぎらずCMは一定期間の露出が続くのが基本ですから、不特定多数の視聴者の目に長く触れていきます。

タレントにとってのクリエイティブ（制作面）の負荷が低く、コストパフォーマンスが高い。なおかつ芸能活動のプロモーションとしても非常に有効であるのがCMへの出演なのです。

芸能人は言うまでもなく、今ではスポーツ選手や文化人も広告塔としての価値は大いに高まっており、彼らはそれが本業でないだけに、コスパの良い収入である上に、ファンサービスという側面をもち、セルフプロモーションにも同時につながるCMは、スポーツ選手にとっても歓迎されることが多いです。

本書でこれまで何度も例に挙げてきましたが、ロサンゼルス・ドジャースの大谷翔平選手は15社もの企業とスポンサー契約を結んでいるとされています（2024年6月現在）。でもそれを聞いて、皆さんは不思議に思いませんか？

このようにタレント側から見ても、広告出演の仕事は歓迎すべきものであり、言い換えれば広告キャスティング会社からのオファーは積極的に聞く耳を持ってくれます。世の中のタレントさん全員、CMの仕事を待ってくれている——企業の皆さんは、そう思って遠慮なく広告起用を検討してみてください。

「うちの会社の広告にタレントが出てくれるわけがない」……そんなことは間違っても考える必要はありません。あなたの会社にふさわしいタレントやスポーツ選手は必ずいます。企業の飛躍的な成長を一緒に叶えてくれるタレントを、ぜひ探してみてほしいと思います。

タレントは企業イメージ・商品コンセプトからの逆算で選ぶ

2023年における「CM女王」は俳優の川口春奈さんでした。「タレントCM起用社数ランキング1位」に輝き、21本ものCMに出演したとのことです。

多くの企業の担当者は、人気の川口春奈さんに「我が社のCMにもぜひ出てほしい」と思うかもしれません。しかし、広告に起用するタレントは、「なんとなく良さそう」や、「好きか嫌いか」で選ぶものではありません。

重要なのは、あくまでもマーケティングの視点やデータに基づいて選ぶことです。つまりどんな商品やサービスにも、訴求すべき購買層というものがあります。企業イメージや商品コンセプトに通じるものですが、そこからの逆算で起用すべきタレントを決めることが大切です。

広告キャスティング会社は、そのためのノウハウを豊富に有していますから、あなたの会社の企業イメージや商品コンセプトから、ふさわしいタレントを提案してくれるはずです。

第3章の最後に、この章のテーマである〈タレント起用の基本の「キ」〉のセオリーとして、広告にタレントを選ぶ際に留意すべきポイントを四つほど紹介しておきましょう。

①年齢ターゲットが合っているか

例えば、白髪染めの広告に10代のアイドルが出ていても訴求効果は薄いように、10代向けと60代向けでは起用するタレントも違ってきます。まずは購買層に合った年齢で、タレントをふるいにかけます。

商品の購買ターゲットに合致するタレントを起用するのはセオリーの一つですが、その反面、あえて崩している広告も近年見受けられます。

女性向けのスキンケアやコスメ商品に、韓国の人気若手男性タレントを起用するのは、代表的な例かもしれません。ただ、それも商品ターゲットである女性層が好むタレントを起用しているわけで、間接的には年齢ターゲットにマッチさせた広告となっています。

それと意識しておきたいことは、テレビや雑誌広告を見る際に、視聴者や読者はCMを見るためにテレビの前に座り、ページを開くのではないということです。あくまでもテレビの番組や雑誌のコンテンツを見るための行動です。

これは媒体選定の話になりますが、つまりは広告効果を上げるには、その番組やコンテンツを見る年齢層や属性に見合った出稿を行うことが大切です。このことも、ぜひ知っておいていただきたいと思います。

②ターゲットを含む多くの人に好感度・知名度があるか

不祥事やスキャンダルのないタレントであり、ターゲット層にはもちろんのこと、それ以外にも広く認知されているタレントかどうかをチェックします。

「知名度」「人気度」「実力がある」「親しみやすさ」「さわやかさ」などのキーワードが判断の要素になってくるわけですが、これらは感覚的なものが多く、定量的に測るのはなかなか難しいものでもあります。

これらを総合して、よくタレントの「好感度ランキング」といったものが発表になりますが、データの裏付けといったものはあるのでしょうか？

実は答えはYESで、広告キャスティング会社はこうしたデータをきちんと備えています。具体的には株式会社ビデオリサーチが提供するタレントに関するデータ、もしくは株式会社アーキテクトによるタレントパワーランキングによるデータです。

多くの広告キャスティング会社は、細かなリサーチに基づいたこうしたデータをよりどころに、タレントの「好感度」や「知名度」を評価してクライアントに提案します。

ただそれだけだと、どの広告キャスティング会社も同じノウハウによるタレント提案になってしまいますね。

そこで大事になってくるのは、広告キャスティング会社が独自の手法で収集したデータを提案に活かすこと。他の広告キャスティング会社にない差別化要素に重きを置くことで、タレント・キャスティングの付加価値を高めることが可能になります。

そうした強みは、どの広告キャスティング会社も持っているわけではありません。手前みそになって恐縮ですが、われわれイー・スピリットでは、テレビをはじめとした各媒体にタレントがどのように起用されているか。SNSを含め、どのように視聴者に受け容れられているかを定量的にかつ定性的に調査する組織を有しています。

加えて、タレントの趣味や嗜好、好みのライフスタイルなどもできるかぎり細かくデータ化しています。こうした細かなデータを、前述したビデオリサーチやタレントパワーランキングによる調査データと掛け合わせ、オリジナルの資料としてクライアントに提供。最も効果的なタレント・キャスティングを実現するための独自手法としています。

好感度および知名度の高いタレントを起用するのは当たり前のことです。肝心なのは、その裏付けとして客観的かつ定量的なデータを備え、そのタレントに「どのような好感度があるか」の中身まで割り出すことです。

それを、クライアント企業の商品イメージや購買層と細かくマッチングさせていくことが、真に好感度・知名度の高いタレントを起用することにつながるというわけです。

③商品のコンセプトに合った「キーワード」にひっかかるか

どのようなタレントを起用するかは、企業イメージや商品コンセプトからの逆算で考えることが大切と最初に書きました。

つまり前提として行うべきなのは、そうしたイメージやコンセプトの明確化であり、ふさわしい「キーワード」を明らかにすることです。

例えば男性タレントを起用する場合は、「男性的な」「スマートな」「おもしろい」「知性的な」、女性の場合は、「女性的な」「おしゃれな」「明るい」「ポリシーのある」といったキーワードを用い、商品イメージとクロスポイントのある人物を絞り込んでいきます。

こうしたキーワードが明確になれば、前述した調査データと掛け合わせることで、マッチするタレントはおのずと出てきます。その際、広告キャスティング会社であれば複数名をリストアップすることが可能ですから、そこからクライアントと協議・検討しながら、最もふさわしいタレントを絞り込んでいくわけです。

よく、タレント広告についてクライアントと打ち合わせを行っていく時、どのようなタレントを使いたいのか、また使うべきなのかが漠然として明確になっていないケースがあります。

タレント（芸能人・スポーツ選手・文化人などの著名人）などはまさに千差万別ですから、その中から一人を挙げていくのは、考えれば考えるほど難しいものになるかもしれません。

中には社長のツルの一声で、「俳優の○○さんが好きだから、ぜひ我が社のCMに出てほしい」とピンポイントで指名される企業さんもおられます。もちろん、それがすべて悪いとは言いませんが、やはり顧客ターゲットに沿ったマーケティングの視点を重視した上で、ふさわしいタレントを決めてほしいと思うのです。

そのための第一歩の作業が、商品コンセプトを一つひとつキーワード化していくこと。そのラインナップが増えていけばいくほど、対象となるタレントの姿が次第に鮮明になっていくと言えるでしょう。

④競合に抵触していないか

広告タレント・キャスティングにおいて、いわゆる「競合」のリスクは非常にデリケートかつ重要な問題です。

競合とは、広告に起用されたタレントが、同じ期間に同様のカテゴリの商品や同じ分野の企業広告に出演してはならないという契約上のルールのことです。

つまりタレントと契約する際に、競合の有無を確認することは最低限かつ絶対に必要な手順であり、広告キャスティング会社が行うリスク管理の最も基本的な事柄です。

競合のチェックは、広告キャスティング会社に依頼すればまず間違いなくチェックがかかりますから心配はいりません。この競合リスクの管理や詳細については、第5章であらためて説明したいと思います。

このように「逆算からのチョイス」によって抽出されたタレントは、企業にとって最初に考えていた人物と異なることがあり得るかもしれません。

しかし、マーケティングとして効果がありつつ、実効性のあるキャスティングは、実は消去法によって導かれたタレントであり、それこそが「根拠のある人物」にほかならないと言えます。

一方で、ご自身が好きなタレントや、「自分の娘がファンのアイドル」などを起用したい経営者の方がいまだに多いのも事実です。

ですが、ここは「企業の人事」と同様に、シビアにタレントを選ぶことを基本にしてください。そうすることで、「売り上げ垂直上がり」への道が最短で切り開かれていくのです。

第4章

タレント起用は
最強のインフルエンサー・
マーケティングだった！

スタートアップや中堅企業こそタレント広告が効果的！

これまで、タレントを起用するマーケティングのメリットについて紹介してきましたが、中でもタレントの知名度や好感度が持つ「爆発力」を利用して、企業や商品の認知度を一気に上げていく効果を強調してきました。

繰り返しますが、それまで商材を知らなかった生活者に対しても、広告にタレントを起用することで、爆発的に認知度の向上を図ることが可能です。ファーストインプレッションとしてタレントの存在が脳裏に強く刻まれるからですが、企業や商品の認知度を上げていくフェーズではそれが非常に重要です。

「タレントの○○が出ているCMの商品」……知名度の高いタレントであれば、こうした記憶の残り方によって多くの生活者に自社の商品を知ってもらえます。マーケティングの購買行動モデルにおける「認知・注意」を短期間で十分なものにするには、タレント広告は非常に有効な方法と言えるわけです。

そして近年、タレント広告を積極的に活用しているのが、ＩＴやＤＸを中心としたスタートアップ企業であり、マーケティングツールを扱う新興企業でしょう。

多くの場合、BtoBの商材を扱う会社なのですが、新興の業種ゆえに、タレントを広告に起用することで企業および商材の信頼度を高める効果は絶大です。起業間もないことで認知度に劣るからこそ、タレントの知名度を利用して信頼感の高まりへとつなげていく。この狙いは当然でしょうし、シンプルな目的だからこそ効果も端的に表れると言えます。

例えば、マーケティングツールの開発・販売を手掛けるプラスアルファ・コンサルティングでは、2019年からソリューションツール「タレントパレット」のテレビCMの放映を開始しました。起用したタレントは、俳優の豊川悦司さんです。

そしてCMのオンエア後、ツールのコンセプトや内容などの認知度は一気に向上。法人向けIT製品の比較・資料請求サイト「ITトレンド」において、「タレントマネジメント部門年間お問い合わせランキング1位」を獲得するなど、一気に注目を集める商品となったそうです。

スタートアップやベンチャーの場合、最初の1~3カ月しかタレントCMを実施しない、という企業も少なくありません。初動の垂直立ち上げを狙って、最初のフェーズで「量」を投入し、一気に浸透を図る。目的を明確に、コストパフォーマンスを重視しながら短期勝負でタレント広告を実施するケースが多く見られます。

よりフレキシブルなフレームでタレント広告が打てるのも、近年プロモーションの仕掛けが柔軟にできるようになった表れでしょう。つまり、皆さんの会社にも存分にチャンスがあると言えます。

ひと昔前は、テレビCMといえば誰でも知っているようなナショナルカンパニーのものばかりでしたが、今は違います。

前章までで説明したように、テレビCMなどのタレント広告を始めるためのハードルは、特に近年10年くらいの間にずっと低いものになってきているのです。

スタートアップでもタレント広告は十分に可能

具体的に、IPOを目指すようなスタートアップ企業の場合、タレント広告を投入していくのはどのくらいのフェーズにある場合が多いのでしょうか?

例えばIPOの前の資金調達の際、認知度を上げるために一気に広告を打つことも一つの手段でしょう。

スタートアップの場合、最初に3億円や5億円、10億円などの資金をきちんと調達して、新たに人員を配置して上場に備えていく企業も多いです。その意味では、上場直前のフェーズでなく、起業直後の段階でもタレント活用を考えてもいいと思います。

ただその場合、与信の問題がついてまわります。テレビ媒体契約をするテレビ局にとっては、スタートアップ企業に対してコンプライアンスや支払いについてのリスク懸念を抱くのが正直なところです。この部分をクリアするために、どの程度の資金調達を終えているかの証明を求められるケースもあります。

特に、資金調達がまだ1億くらいのシードステージといわれる設立当初のフェーズでは、与信の面でいっそうハードルが高くなる場合があるわけです。

そのため広告展開も、タレントCMよりも安価なインフルエンサー・マーケティングへと流れていきやすいとも言えます。ただ、与信リスクがあるなら支払いを「前金」にすれば解消できますし、実績のある広告キャスティング会社であれば、そうしたハードルをクリアするノウハウを有しています。

前の章でも述べましたが、今はスタートアップやベンチャー、企業価値の高い中堅企業にとって、タレント広告はチャンスの時代です。大企業の広告出稿が減少傾向になり、以前に比べてテレビCMなどの広告枠が空きつつあるのは確かでしょう。

そしてテレビ局や出版社、新聞社、そしてタレント事務所の側も、広告協賛や広告出演の話はノドから手が出るほどほしいもの。テレビやラジオ、雑誌、新聞いずれのメディアも出稿のハードルが下がっていることをぜひ知ってほしいと思います。

また、例えばコストにリスクを感じる企業の場合、段階的にテストマーケティングを行うことも一つの手でしょう。全国はもとより、関東や首都圏にCMを投下する前に、標準的な商圏を持つとある地域をターゲットにテスト広告を打つわけです。

その結果を基に、成果が上がれば関東や首都圏での広告展開を実施していく。こうした段階を踏みながらタレントCMを実施していけばリスクの軽減にもつながります。

テレビCMの場合、前述したように47都道府県のエリアを限定した中でオンエアするローカルCMであれば、比較的リーズナブルな金額で実施が可能です。1県限定のテレビCMの場合、数百万円の放映費（媒体費）で可能なケースもあります。

起業後のどのようなステージであっても、タレント広告によって効果的な認知を得る方法はいくらでもあります。そうした夢の広がりを持てる状況が、今のメディアの世界には十分にあるのです。

では実際に、タレントを使った広告で効果を上げた例にはどのようなものがあるのでしょうか。この章では、タレントを活用したさまざまな広告の実際例や具体例について、印象に残ったものをいくつか紹介していきたいと思います。

メディアミックスという「立体施策」の可能性は無限大

インターネットメディアの登場によって広告媒体が多様化した今、一つのメディアだけなく、ターゲットに合わせてさまざまな媒体を使い分けていく、またはリンクさせていく「メディアミックス」の広告戦略が重要になっています。

ちなみにメディアミックスは、「メディア」と「プロモーションミックス」が組み合わされてできた言葉といわれています。つまり企業が広告活動を行う際に、複数の要素を最適に組み合わせるマーケティング戦略であり、異なるメディアをコラボレートする相乗効果によって認知度を高め、購買意欲を喚起していく手法です。

メディアミックスは、タレントを軸に展開することでいっそう効果的なマーケティング戦略になり得ます。

生活者が持つ各々のタッチポイントの中で、「(タレントの)○○が出ている広告」をさまざまなメディアを通じて目にすることになり、商品に対する高い認知度を獲得できます。タレントの露出が見た人の印象に残りやすいため、複数のアプローチでありながら統一感のある高い訴求効果が得られるわけです。

例えば、メディアミックスによるプロモーションとして最近印象に残ったのが、コーセーが展開するスキンケアブランドが行った「コスメデコルテ」でしょう。

同社が起用したのが、ロサンゼルス・ドジャースの大谷翔平選手でした。

この広告キャンペーンは、実に大がかりなものでした。テレビCMのオンエアはもちろん、東京・表参道エリアに大谷選手を広告モデルに起用した街路灯フラッグ広告が登場。表参道ヒルズの屋外メディアへの露出や、ポップアップショップの展開をはじめ全国の百貨店などでもイベントを開催。多くのドラッグストアで大谷選手のポスターの露出や直筆サイン入りグッズが当たるキャンペーンなど、大がかりなプロモーションを実施しました。

加えて、所属球団であるドジャースとパートナーシップ契約を結び、ドジャースタジアムの大型ビジョンにコーセーの広告が表示されたのにも驚かされました。

これはスタジアムを訪れた観客に対する広告訴求というよりも、大谷選手の試合のテレビ中継およびニュース映像での露出を期待したものであるのは言うまでもありません。

こうしたプロモーションの結果、公式オンラインインブティックの販売数が「20倍」、店頭販売数が「2・6倍」、購入者の半数が新規、一部の商品は男性購入者が通常時の「7・5倍」など、数々の目覚ましい「大谷効果」が得られたそうです。

広告による効果は、ユーザーと広告との接触回数が多いほど高まるというのがマーケティングの鉄則です。しかも大谷選手の活躍という、見る人のエモーショナルな高まりとともに目にする広告ですから、その価値は非常に高いものになります。

こうした副次効果が得られるのが、タレントを活用したメディアミックスの大きなメリットと言えるのです。

超メジャー音楽アーティストの「CM用オリジナル曲」で知名度に革命

第1章で、「男性専用エステティックサロン」の広告をお手伝いした話に少し触れました。

同社がまだマーケティングフェーズの初期段階にあった2005年頃のことですが、当時、大手広告会社にいた筆者のところに、同社のオーナー様が「某著名音楽アーティストをCMに起用したい」と言ってこられたのです。

ただ、日本を代表するアーティストですから、契約に至らせるのは難しいかも……という懸念がありました。

というのも、他の大手広告会社数社も交渉にあたったらしいのですが、なかなかうまくいかないという情報を耳にしていたからです。けれども、仮に私の所属する大手広告会社が契約にこぎつけることができれば、私の株もずいぶんと上がるはず……なんて考えてもいたものです。

そこで思ったのが、彼らにつながる人脈をたどるとともに、「これまでにない企画をぶつけて勝負しよう」ということでした。

提案したのが、当時としてはなかなか大胆だったメディアミックスの広告企画です。イメージキャラクターとしてその著名音楽アーティストにCMに登場してもらい、BGMソングとしてオリジナルの書き下ろし楽曲を提供してもらう。日本の男性をかっこよくするキャンペーンテーマのもと、曲に合わせてCMを展開していきます。さらにはテレビCMを中心に、交通広告や屋外広告、雑誌広告などの各媒体とのメディアミックスを行うプランでした。

その著名音楽アーティストさんは、「おもしろそうな話じゃないか」「それに、広告会社の担当もなかなかユニークだな」とCM企画に快く賛同してくれました。

本人の出演に加え、書き下ろしの楽曲までテレビCM用に用意してもらったわけですから、ご自身のモチベーションも高いものがあったのでしょう。CMの企画段階から撮影現場にいたるまで、細かな部分にわたってその著名音楽アーティストのアイデアがふんだんに盛り込まれた意欲的なCMに仕上がりました。

また撮影現場では、著名音楽アーティストのエンターテインメント性に、共演者たちから思わず笑いが出てしまうほどの良い雰囲気にもなり、企画は大成功でした。

単にCMに出演してもらうだけでなく、タレント自身のモチベーションが高まるようなメディアミックスの企画を仕掛けることで、より質の高いプロモーションが可能になります。これはどの会社にもチャンスのあるもので、〝演者〟のマインドに刺さる企画をぜひ皆さんの会社でも考えてみてはいかがでしょうか？

ちなみに当時は、今のようなスマホやSNSなどのデジタルメディアはまだまだ未発達で、テレビCMをはじめとして新聞、雑誌や交通広告を打ち出していれば、ほとんどのユーザー層にアプローチできていました。それが今は、リアルなプロモーション以外に、

SNSをはじめとしたインフルエンサー・マーケティングをうまく絡めたメディアミックスを仕掛けていくことが欠かせません。

独創的なクリエイティブがタレントの心を動かし、世の中を動かすことができます。ぜひ、タレントの強みを活かした広告企画をプランニングしてみてほしいと思います。

サザンオールスターズのライブとタイアップしたメディアミックス

ここでサザンオールスターズが主役となった広告メディアミックスの例を、紹介しましょう。2024年に全国放映されたユニクロのCMです。これにサザンオールスターズのメンバーが登場していたのですが、特筆すべきはその前年のこと。2023年の夏の終わりに故郷の茅ヶ崎でライブを行った際のユニクロのプロモーションです。

ライブは『サザンオールスターズ「茅ヶ崎ライブ2023」powered by ユニクロ』と銘打ち、ユニクロがメインスポンサーとなって開催。桑田佳祐さんの地元でもあり、大盛況のコンサートとなりましたが、同時にスポンサーとしてのプロモーションの妙にうならされたものです。

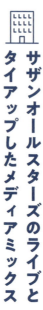

まずはライブ当日、会場への来場者全員に入場者プレゼントとして〝お土産〟を用意、中にはA4のオリジナルクリアファイルと、QRコードがプリントされた名刺大のフライヤーが入っていました。驚いたことにQRコードは、「ご自宅の近くのユニクロで、ヒートテックを無料でプレゼントします」という「スペシャルフライヤー〝ヒートテック引換券〟」になっていたわけです。

しかも、チケットが取れずにライブ会場に行けなかった方に、各地の映画館でライブビューイングの機会を提供。その来場者にも同じものをプレゼントするという徹底ぶりでした。

こうしたプロモーションの内容を、X（旧Twitter）上でサザンオールスターズのメンバーがつぶやいて情報を拡散します。桑田さんが持つ、Tokyo FMの冠番組でもちょっとした情報を伝えるなど、複数の媒体を活用してユーザーとの接触機会を演出していました。

こうした立体型のキャンペーンは、翌2024年のユニクロの「エアリズム」において、サザンオールスターズの『希望の轍』などが流れるテレビCMへとつながっていったわけです。

サザンオールスターズの例で紹介しましたが、アーティストのコンサートイベントや楽曲を軸にした仕掛け、また前段の大谷翔平選手を起用したアプローチなど、タレントの「ライブ感」をうまく利用したメディアミックスのプロモーションは非常に効果的です。

特にアーティストの場合、本業である楽曲のＰＲにもつながることから、まさにＷＩＮ－ＷＩＮの企画でしょう。

タレントとメディアは、広告という枠組みの中でそれぞれの価値を高めていける強みがあります。それを実現しつつ広告効果をも最大化できるのが、メディアミックスという手法であるとも言えるのです。

映画やドラマのプロモーション時は広告起用のチャンス

ミュージシャンのライブを使ったメディアミックスとしてサザンオールスターズの例を紹介しましたが、俳優の場合は映画やドラマとのコラボレーションが可能な場合があります。出演する作品のプロモーションの機会を上手に活用することで、メディアミックスのアライアンスを組みやすくなるというわけです。

例えば以前、イギリスの大手生活用品メーカーが展開するシャンプーの日本国内ＣＭにて、某世界的大物俳優を起用したことがあります。

数々の映画のヒット作を持つトップ俳優の一人で、おいそれとCM起用できるようなランクのタレントではありませんでした。

企業側にしても、俳優のような国際的なトップ俳優をCMに起用するのは困難を極める可能性があります。けれども、映画のプロモーションというニーズやタイミングがあることで双方にWIN-WINのメリットが生まれ、CM契約が決まったというわけです。

他のタレントでも同じような機会があれば、テレビCMや紙媒体とのコラボによるプロモーションは十分に可能と思わせる事例でした。

映画やドラマ、舞台で活躍する俳優はCM起用のハードルも高いと思われがちですが、今は決してそのようなことはありません。タレントが露出を求める機会やタイミングを上手につかむことが、広告メディアミックスの好機となることをぜひ知っておいてほしいと思います。

ラグジュアリーブランドは「K-POP×メディア×SNS×イベント」が主流

ほかにも、例えば近年のラグジュアリーブランドにおけるメディアミックスのプロモーションは、なかなか大胆だと感じます。広告手法としても示唆に富む部分がありますから、紹介しておきます。

皆さんは、ラグジュアリーブランドに対してどんなイメージがあるでしょうか？

代表的なブランドとして、LOUIS VUITTON（ルイ・ヴィトン）やHermès（エルメス）、CHANEL（シャネル）やGUCCI（グッチ）、Tiffany & Co.（ティファニー）やBVLGARI（ブルガリ）など多くのものが知られています。

これらのブランドは確固たる歴史を持ち、単に機能性やデザイン性が優れているだけでなく、高い信頼性や固有のストーリーがあります。一般の生活者にとっては良い意味での距離感があり、なかなか購入できない特別感もブランド価値を上げるものになっています。

ラグジュアリーブランドのマーケティング戦略は、ある意味で徹底しています。例えば、テレビCMをほとんど打ちません。女性ファッション雑誌のカラーページを贅沢に飾ることはあっても、テレビでの広告をほとんど活用しないのがセオリーです。

これは、ラグジュアリーブランドならではの戦略ということができます。

テレビ広告は普通、一度にできるだけ多くの生活者へリーチするようにつくられています。だからこそ爆発的な認知を獲得するための有効な手段であるわけですが、半面不特定多数のすべての人に訴求するのは相応のリスクを伴います。どのようなシチュエーションで流されるか分からないため、逆にラグジュアリーブランドとしての価値を毀損する危険が生じるのです。

訴求する対象が明確であることから、老若男女すべてにアプローチする必要はなく、独自性を高めて希少価値を持たせるのがラグジュアリーブランドの広告。必然的に、広告を大量に打つ必要はありません。

そこで、ラグジュアリーブランドが好んで実施するプロモーションが、メディアとイベント、SNSを重視したメディアミックスの戦略です。東京でいえば青山や表参道などのブランドショップにメディアを招き、タレントを起用したイベントを取材してもらうことでブランドや商品の周知を図っていくという手法です。

この時のタレントは、プレースメント契約と呼ばれる、その日だけの出演であることが多くあります。その上で、「メディアの取材による露出はＯＫ」という契約を結んでいるケースがほとんどです。

自社発信の広告ではなく、メディアの取材を通じて情報発信をしてもらうことで、あくまでもニュースという扱いで、高級感を損ねないＰＲへとつなげていくわけです。

一方でラグジュアリーブランドが、特定のタレントとアンバサダー契約を結ぶケースも多々あります。アンバサダー契約を結んだタレントは、ブランドや商品の顔としてイベント出演などを行い、広くＰＲに貢献します。

そして近年、ラグジュアリーブランドがアンバサダー契約を結ぶタレントとして人気が高いのが、いわゆるＫ‐ＰＯＰスターといわれる人たちです。

ここ数年、ＢＴＳやBLACKPINKなどの韓国アーティストが世界チャートの上位を飾るようになり、ＮＣＴやSEVENTEENなども高い人気を博しています。こうしたユニットのメンバーをはじめ、韓国の第一線で活躍する俳優たちを起用することが増えているのです。

ではなぜ、彼らがラグジュアリーブランドに好まれるのでしょうか？

一つはＫ‐ＰＯＰアイドルたちが持つファンの存在でしょう。それぞれＳＮＳで圧倒的なフォロワーを持ち、その一挙手一投足にファンは注目しています。

そのネットワークは、日本はもちろん全世界的であり、新鮮さも相まって非常に高い拡散力を有しています。SNSで共有した情報が拡大して周知されていくスピード感やワイド感はまさに圧倒的なのです。

加えて、彼ら自身のファッションや身のこなしがハイセンスであり、ラグジュアリーブランドのイメージを毀損することがない点も挙げられると思います。テレビCMを使わずとも、タレントとSNSを軸にしたメディアミックスによって、求める訴求効果は十分に得られるというわけです。

このように、テレビCMに頼らずにタレントを活かす手法として、ラグジュアリーブランドの広告マーケティングは参考になる部分が多いと感じます。

あらためて、広告業界にはあるロジックがあります。「リーチ3プラス理論」といって、同じCMを3回見たら人は印象づけられ、認知するというものです。

これまで紹介したようなメディアミックスを用いると、当然ながら広告のリーチ回数を何倍も増やすことができます。新聞や雑誌、スマホのインターネット広告やSNSによる配信、そしてテレビCMで1日3回以上、同じ商品の広告に接触していけば、爆発的な認知につながることが容易にイメージできるでしょう。

広告との接触回数をさまざまなメディアを通じて促していく。タレント・キャスティングを軸にすることで、その汎用性は大きく広がっていくはずです。ぜひ参考にしていただければうれしく思います。

某人気野球選手「演技なしのCM」が大ウケの唐揚げ弁当

そのほか、最近のタレント広告の中で新鮮だった事例、また特徴的な切り口と感じた広告について、読者の方に参考にしていただく意味でもいくつか紹介していきましょう。

私たちが手掛けた広告に、某大手中食メーカーさん「お弁当」のCMを大谷選手に続く某人気プロ野球選手S選手を起用して制作しました。

自主トレ時にはS選手のスケジュールの空きがなく、CM撮影は球団の春季キャンプ地を訪れて行いました。この撮影時、私たちはあらためて、スポーツ選手の持つピュアな魅力に気づかされることになりました。

CMのストーリーは、地元の少年球児たちと一緒に、S選手がお弁当を食べるというものでした。

撮影クルーが現地でカメラを回していったものの、S選手本人の演技からは当初、ぎこちなさが抜けませんでした。無理もありません、彼は俳優でも何でもなく、プロ野球選手なのですから。

そしてお昼の時間になった時、S選手が両手にお弁当を提げて、子どもたちの前にやってきました。ここまでは、あらかじめ決めていた台本の通りです。

すると、子どもたちはどうしたでしょうか？

プロ野球界のスーパースターが目の前に現れたのですから、その驚きようったらありません。やがてS選手を囲む輪ができて、目をキラキラさせながら、一緒にお弁当を頬張る自然な光景が広がったのです。S選手自身も、それまでのぎこちなさはどこへやら、子どもたちと一緒になって、うれしそうな笑顔で唐揚げ弁当を口にしていました。

このCMに、S選手の演技はいっさいありませんでした。お弁当を子どもたちのもとに持ってきて、みんなと一緒に食べるだけの光景です。けれども、CMをご覧になった方はお感じになったかと思いますが、なんとも言えず胸を打たれる映像になっていたのではないかと思います。

実は少年野球の子どもたちには、S選手が登場することは本番まで伝えていませんでした。それが突然、憧れの存在が自分たちの前に現れたのですから興奮しないわけはありません。目を輝かせ、S選手のもとに集まって大騒ぎです。もちろんS選手も、ユニフォーム姿の子どもたちに笑顔いっぱいの自然な表情を見せてくれました。

そのあと、S選手を囲んでみんなでクライアントのお弁当を食べてもらったわけですが、この上なく美味しそうな顔が並び、誰もが幸せな時を過ごした撮影になりました。

私はこの撮影を通して、CMにおけるスポーツ選手の魅力とはこういうものだと実感しました。ピュアな姿から受けるエモーショナルな要素。第2章でも少し触れましたが、アスリートの場合、芸能人の演技が醸し出す作品の妙とは違った感情訴求が、商品の価値を最大限に高めてくれると感じました。

CMの撮影現場で、意図した以上のプラスαの雰囲気をつくり出すことができ、それが広告の好感度をいっそう高める効果につながったわけです。

つくられた作品とは違い、タレントのパーソナリティを前面に押し出すことで魅力を訴求できるのが、アスリートを起用した広告です。

ちなみにこのCMは、S選手に続いてバレーボール日本代表のC選手を起用。その後ラグビー日本代表のM選手を起用したほか、プロ車いすテニスプレーヤーのO選手などアスリートが登場するCMをシリーズ化し、好評を博しています。

いずれも、普段のプレー中とはまた違った爽やかな笑顔を振りまく姿が印象的で、新鮮なインパクトを与える作品になっていました。

スポーツ選手の場合は契約のスタイルはまちまちで、選手が所属する球団やクラブなどの所属先である場合や、マネジメント会社と結ぶケース、また選手個人または個人事務所と契約する場合もあります。

契約金はもちろん選手によってさまざまで、一概に高い・安いとは言えませんが、一つ言えるのは、彼らの本業は決してCM出演ではないということ。それだけに、契約金の面で譲歩してくれる可能性も見つけやすいと言えます。

また、所属する球団やクラブが地域密着のマーケティングを重視していることが多いため、地元に縁のある企業であれば協力的なスタンスを持ってくれやすい面もあるでしょう。地域貢献も含めて、他よりもリーズナブルな金額で引き受けてくれる場合があることも覚えておくと良いと思います。

なぜ「地方の造船所」はサザンのラジオ枠を買えたのか？

前の章で、ラジオ番組のタイム広告はなかなかスポンサーがつきにくいという話をしました。一方でタレントの皆さんの多くはAM・FMを通じてラジオの冠番組を持ち、ラジオ番組が基本的に好きであることにも触れました。

好きなようにフリートークができて、自分のカラーを前面に出していける楽しさがあることから、ある意味でテレビ以上にモチベーション高く仕事をしている面があるようです。

例えば、サザンオールスターズの桑田佳祐さんは、自身がパーソナリティを務めるラジオ番組『桑田佳祐のやさしい夜遊び』を長年続けており、新曲はほぼ必ずこの番組で解禁するなど、強い思い入れを感じます。

そうした中で、キヤノンや大塚製薬、三井住友銀行や日本ハム、SOMPOグループなど日本を代表する企業が協賛して番組を支えてきたわけですが、2008年からの1年間、スポンサーとして名を連ねたのが、広島県福山市の造船・海運会社である常石グループでした。

ちなみに当時、常石グループが制作したラジオコマーシャルが、一般社団法人ACC

「CMフェスティバル」で銀賞を受賞したことも特筆すべき成果でした。

その後のメディアミックスの布石など、広告展開のフックになり得るもの。ラジオ広告は、メインではないけれどプロモーションという世の中に波紋が広がる時、水面にぽつりと落ちる一粒の滴のような役割を持っています。そうした捉え方でラジオ広告を考えてみてください。

「変化球型タレント・キャスティング」の意外性が爆売れへと導く

これまで、コスメやスキンケアの広告といえば、人気の俳優や若手の女性タレントが登場するのがスタンダードでした。そうした〝常識〟を覆して話題になったCMが、この章で前述したコーセーのスキンケアブランド「コスメデコルテ」です。

広告モデルとして起用されたのは、ロサンゼルス・ドジャースの大谷翔平選手。加えてコーセーはフィギュアスケートの羽生結弦さんやバレーボール髙橋藍選手をキャスティングしており、スキンケア商品にスポーツ選手が登場するのは珍しく、驚かされたものです。

あらためて、コーセーが大谷選手を起用したこの広告を、少し違った角度から見てみましょう。

本来この商品は、30代半ばから40代以降の女性をメインターゲットにしたものです。従来のマーケティングであれば、同世代の俳優やタレントを起用したリアルメッセージを軸に展開して共感を呼ぼうとするのが常道で、そこに当時20代の男性、しかも女性とは距離のあると思われるプロ野球選手を起用するのは、極めてレアなケースと言えます。

現在の大谷選手への大きな注目度を見越した思い切った施策でしたが、これまでの広告のセオリーを打ち破る「変化球型」のタレント・キャスティングと言えるものだと思います。

大谷選手を起用した背景として、コーセーの企業ビジョンがありました。グローバル(Global)、ジェンダー(Gender)、ジェネレーション(Generation)の「3G」をキーワードに独自の化粧文化や価値を創造していくことを掲げており、世界で活躍する大谷選手と契約するに至ったそうです。

なぜ、大谷選手の広告には大きな爆発力があったのか。

大谷選手の目覚ましい活躍は「二刀流」の話題以来、長期にわたって国内外で注目されています。そして、「意外性」です。「どうして女性用化粧品に大谷選手が!?」と見た瞬間誰もが驚いたはずです。おそらくこの「意外性」こそ、これまでその商品に興味のなかった層を取り込む最適な手段なのではないかと思います。

こうした想定外の起用が実際のものになるのも、まさに「旬」のタレントの持つ爆発力でしょう。従来の常識を打ち破るインパクトを持っているからこそ、セオリー無視のマーケティングが成立し、新たな効果をもたらすわけです。

「意外性」のあるCMが、SNSを通じた二次拡散を生む

「意外なタレントが、意外な企業やブランドのCMに出る。皆さんも、「あの人が、どうしてこのCMに?」と感じたテレビCMや広告はありませんか? 変化球型の「意外性」があると、見た人の脳裏にインプットされる度合いはおのずと強くなります。

最近見た中で、私が良い意味での意外性を感じたのが、俳優の石原さとみさんが出演したゼンショー「すき家」のCMです。

このCMは大きくヒットしました。CM総合研究所の作品別好感度ランキングで1位になったこともあり、見た人に非常に好意的に受け止められたのです。

石原さんが表情豊かに、実に美味しそうに牛丼を頬張る表情が印象的で、特に女性層から「すき家のイメージが変わった」と好評を博したといいます。

牛丼チェーンの客層は男性ビジネスマンや学生などがメインでしたが、新たに女性や家族層を取り込もうと考えたキャスティングが功を奏す結果となりました。

また意外性のあるタレントのキャスティングは、二次拡散というプラスαの効果を生み出すことも考えられます。二次拡散とは、広告を見た人が、主にX（旧Twitter）やInstagramなどのSNSを通じて再び拡散されること。当然ながら、二次拡散にコストはかかりません。「あのCM見た？」とばかりに、SNSで勝手に拡散してくれるベネフィットも今の時代、期待できるわけです。

その意味では文字通りの企画、消費者金融会社「アイフル」の『意外な女将さん』に登場する大地真央さんも好例でしょう。元宝塚の凛とした大俳優がカードローンのCMに出るという意外性はもちろん、CMのストーリーの奇想天外さもウケています。

2024年春に放映されたシリーズは、なんと大地さんは声の出演のみで姿を見せず、画面に現れるのはゴリラのみという意外なものでした。実は年間の制作費予算が尽きてしまったことからの苦肉の策だったそうなのですが、それがかえって「なぜゴリラ？」「なぜ大地さんが出ない？」という意外性となってSNSでも話題になったといいます。

こうした二次拡散を起こすには、見た人に強いインプレッションを与えることが必要です。加えて、「なぜ？」という疑問を投げかけるのも大切な要素の一つでしょう。意外性のあるキャスティングであり、ストーリー。良い意味での違和感を抱かせることが大切と言えます。

重要なのは、タレントやスポーツ選手自身も、「自分のイメージやキャラクター」を決めつけず、新しい挑戦をしてくれることがある、ということです。

タレントは、あなたの企業・商品を共に育ててくれるビジネス・パートナーです。

ぜひベストマッチなタレントと「二人三脚」で「売り上げ火山の大爆発」を仕掛けましょう。

「オピニオンリーダー・マーケティング」といわれるもの

タレントがいろいろな取材やインタビューで答える内容は、実は情報の〝宝の山〟であるのをお分かりでしょうか。

趣味や好きなものが何か？　今凝っているものに何があるか？　私生活でこだわっているライフスタイルは？　好きな食べものは？　……何でもいいのです。タレントが口を開いて伝えてくれる自身の情報を、われわれキャスティング会社は常にキャッチし、有益なリサーチデータとしてストックしています。

例えば車のＢＭＷやメルセデスベンツや、前述したラグジュアリーブランドなどもそうでしょう。高付加価値のある商品を扱うクライアントは特に、一流のタレントに自社の商品を愛してくれる「オピニオンリーダー」になってほしいと思っています。

つまり、自社の商品をタレントさんに自ら使ってもらい、何かの時にそれをアナウンスしてほしいと考えるわけです。そのための仕掛けを行うための情報として、タレントの趣味・嗜好をつぶさにチェックしておくことは重要というわけです。

今から約10年前のことです。日本国内で車の「アウディ」ブームが沸き起こったのをご存知でしょうか？　誰もが知らないうちに、いつの間にかアウディが注目を集めて話題に上るようになり、ブームと呼ばれる現象にまで発展したのです。

実は裏側で、ある仕掛けがなされていました。「オピニオンリーダー・マーケティング」と呼ばれるものが効果を発揮した事例だったのです。

当時、某ラグジュアリーブランドの社長だった方が、アウディに乗り換えられたことが始まりでした。

日本でも有数の実業家であったその社長がアウディを乗り始めたことで、財界は一気に注目。影響を受けた日本の経営者や実業家たちがこぞってアウディに乗り始めたと注目を集めました。それをメディアが取り上げるようになり、流行が生み出される形で世の中に広まっていったわけです。

このように、周囲に影響力を持つ人をオピニオンリーダーとして、商品を広めていくのがこのマーケティング手法です。現在はＳＮＳの力を借りることで拡散力は圧倒的であり、影響力の大きなオピニオンリーダーであればあるほど認知の広がりは爆発的です。

加えて高額商品であればあるほど効果的なマーケティングが実現できるのも、周囲に広く影響を与え得るオピニオンリーダー＝タレントならではの力と言えるでしょう。

また、トヨタが展開するオウンドメディア『トヨタイムズ』があります。トヨタが発信するさまざまなＣＭの中に、このオウンドメディアの周知を図るための広告も含まれています。最初にそのＣＭを見て、なかなか新しい手法だと思いました。

しかもそこには豊田章男会長が自ら出演し、加えて日本を代表するスポーツ選手がズラリと登場します。

こうした自社媒体をタレント起用とともにＰＲしていく。世の中にトヨタとしての企業文化自体を訴求していく新しいスタイルのマーケティング戦略であると注目しています。

この章では、実際の「タレント広告」の例を挙げながら、それぞれの作品としての工夫や、セールスプロモーションの戦略や意図について紹介してきました。

爆発的な訴求を実現できる広告やマーケティングを考えている企業の方は、ぜひ参考にしてほしいと思います。

このように、タレントを起用することでさまざまな訴求効果が可能になります。どのようなストーリーや企画によって、そのタレントの価値を広告の中で最大化させるか。

それが実現できればおのずと広告の注目度や価値も拡大し、世の中に大きなムーブメントを起こすことができます。ぜひその一端を、皆さんの会社も担ってほしいと思います。

第 5 章

安全なタレント・キャスティングのコツとは

タレント広告の「競合」とは？

タレントを広告などのセールスプロモーションに起用する際、知っておいた方が良いルールがいくつかあります。その代表的なものが「競合（企業）」の問題でしょう。

そもそも、タレントにおける競合とは何なのか。少しかみ砕いて説明すると、「ある演者（タレント）が、同じ期間に、同じカテゴリの商品や同じ分野の企業広告に出演してはならないという契約上のルール」のことです。

例えば、ある化粧品会社のCMに出演しているタレントが、同じ時期に他社の化粧品のCMにも出ているとどうなるでしょうか？　企業や商品の差別化を図るどころか、広告を見た消費者の印象を混同させてしまいます。タレントの倫理的なイメージも良くないでしょうし、起用している企業にとってもデメリットばかりで、誰も得をしない状況になります。

裏返せば、それだけタレント広告にはインパクトがあるということですが、商品の認知を図る上で混乱を招いては元も子もありません。

何より、せっかく自社が起用したタレントが、知らないうちに競合他社のCMに出ていたりすると、どの企業だって損害を被るのは当たり前でしょう。タレントのキャスティングにおいて、「競合」は最も留意すべき大切なチェックポイントということになるわけです。

競合の範囲をどこまで広げるかは、起用する企業の判断やスタンスによって違ってきます。同じカテゴリの製品・商品を対象とする「商品競合」や、同じ分野の企業そのものを対象にする「企業競合」、さらには特定の企業だけを競合とする「特定企業競合」といった契約などさまざまです。

タレントをキャスティングする場合、こうした競合の状況が生じていないかのリスク管理を行うことは、非常に重要なステップということができます。

また最近では、メディアの多様化やSNSの浸透もあって、タレント（タレント事務所）の側も、「競合」をいかに避けるかに神経をとがらせています。

タレント（芸能人・スポーツ選手・文化人などの著名人）がメディアの取材を受ける際、着るものや身に着けるものはCM出演中の企業に関するもの以外はNGですし、自身のSNSでの発信の際にも他社の商品などが偶然に写り込まないよう細心の注意を払います。

契約時にキャスティング会社が行う競合の有無のチェックはもちろん、こうした一つひとつの積み重ねがタレントとの信頼関係を生み、広告やCMは成り立っていくのです。

「競合スクリーニング」の重要性

お話ししたように、タレントをキャスティングする際、競合の有無を確認することが、最初に行うべき最も重要なリスク管理ということが言えます。

つまりは、同業他社の広告に出ているタレントは使わないし、契約もできないということ。「初めて実施するテレビCMだから、我が社はぜひアイドルの○○さんを起用したい」――そう思っても、そのタレントがすでに同業の会社や同じ種類の商品のCMに出ていれば実現しません。これが、タレント広告における一番の鉄則だと知ってください。

逆に言えば、自社の広告に独自性を持たせて訴求効果を最大限に高めるには、あなたの会社がタレントと契約する際には、「競合」の縛りをかけなければならないということ。業界の中では暗黙の了解や常識であっても、企業側がそのことを知識として持っておくのは重要です。そして、前述したようないくつかの競合の種類があることも、ぜひ頭に入れておいてほしいと思います。

というのも、競合に気をつけていたつもりでも、思いも寄らない「落とし穴」に遭遇するケースがあるのです。例えば、他企業が意外な商品を自社のラインナップに入れているようなケースです。

サプリメントを発売するA社の広告に起用されたタレントが、「お菓子のCMであれば競合しないであろう」と考えて、製菓企業であるB社のチョコレートの広告に出演したとしましょう。

ところが、B社はお菓子だけでなく、実はサプリメントも製造販売していた……ということがあり得るのです。

この場合、商品こそサプリメントとお菓子で異なるものの、B社はA社にとっての「企業競合」に該当してしまい、契約ができません。

ただ、例外が生じるケースもあり、それはタレントがA社とどのような契約をしていたかによるということです。他社のサプリメントのCMはNGだけれど、他のカテゴリの商品であればOKの契約にしているかもしれません。つまり「商品競合」は認めないけれど、「企業競合」であれば関知しないというスタンスです。

このように、タレントが他社とどのような内容の契約を結んでいるのかを細かくチェックした上で、自社の契約へつなげていくことが重要であるわけです。

タレント事務所としては、所属するタレントができるだけ多くの広告契約を結べる状況が好ましいわけです。競合として発生しそうな相手企業と調整をしてくれるなど、基本的には協力的な姿勢で話を聞いてくれることです。

また、それを上手に引き出すことができるのが、それまでタレント事務所と長く信頼関係を築いてきたキャスティング会社や広告会社ということです。

競合の概念をあまり意識せず、独自でタレント事務所と交渉した結果、詰めの甘さなどから最終的に競合の存在が分かり、契約寸前でタレント起用がＮＧになってしまうような例もあり得ます。契約交渉の際には十分なケアを行うことが大切と言えるでしょう。

広告会社やキャスティング会社の「競合確認」は万全か？

タレントと広告契約を結ぶ際の「競合確認」の重要性はご理解いただけたと思いますが、例えば広告会社やキャスティング会社によって、その「質」に違いがあることをご存知でしょうか？

起用したいタレントが、現在どのような企業や商品と広告契約を結んでいるかは、タレントの扱いに慣れている会社であればつぶさに把握しています。契約が済んでメディアを通して発表された段階であれば、容易に知ることができるからです。

けれども、それがまだ契約に至らない段階の場合。契約に向けて水面下で動いているような「交渉中」の状況であれば、そうはいきません。表には出ていないクローズドの情報であり、それをつかむのはなかなか簡単ではないからです。

その結果、自社が交渉していたはずのタレントなのに、いつの間にか同業他社で先に話がまとまり、CM契約が発表された……そんなことになれば目も当てられません。

そこまでの行き違いはかなりのレアケースと言えますが、例えばこんなケースも考えられます。

「当社の初めてのCMには、私としてはぜひ人気俳優の○○さんを使いたいと考えています。可能でしょうか?」と、あるスタートアップ企業の担当者が広告会社に相談したとしましょう。

「分かりました。競合を含めて状況を確認します」と広告会社は答え、企業側の担当者は少しのあいだ回答を待っていました。

なかなか返答がないことに、じれながら、案件のスピード感を重視する担当者は社内の根回しを終え、その俳優を起用する社長決裁を済ませ、満を持して広告会社の返事を待っていたのです。

ところが約2週間後、広告会社から返ってきた答えは、「申し訳ございません。俳優の○○さんはすでに他社の○○とCM契約交渉の大詰めだそうでして……」というものでした。

それを聞いた企業の担当者は烈火のごとく怒って、「社内の検討と根回しにどれだけ手間がかかったと思っているんだ！」「もう社長まで決裁を取っているんだぞ！」と広告会社の担当者を叱り飛ばしたそうです。

広告会社の中には、情報収集力のなさからスピード感が伴わず、こうした遅滞によるミスを犯してしまうところもありますから注意が必要です。

この場合、相応の情報力を持つ広告会社やキャスティング会社であれば、最初の相談の段階で、「俳優の○○さんはすでに○○社と交渉が進んでいるようです」と即座に情報をフィードバックすることが可能です。そうすれば企業の担当者も、「では他のタレントを検討しましょう」と方針転換することができます。

特に機動力のあるキャスティング会社であれば、「代わりに○○さんであれば、すぐに交渉に入ることができますよ」とスピーディーに代案を提案することも可能なのです。

こうした情報収集については、交渉段階ではある程度の守秘義務が徹底されていることもあり、正確な把握が難しいケースもあります。だからこそ情報収集力の分かれ目になるのは、そのキャスティング会社が日頃から、各タレント事務所、芸能プロダクションとどれだけ緊密な関係性を築いているかということです。

もちろん、NDA（秘密保持契約）に抵触することは聞き出せませんが、ギリギリの線でヒントになるような事柄が漏れ伝わってくるようなことはゼロではありません。そうした小さな情報をつなぎ合わせながら、確かな予測や見込みへつなげていくのは、経験や実績が豊富な専門のキャスティング会社であればこそ成し得る〝技〟です。

裏返せば、情報力に長けたキャスティング会社ほど、事務所と固い信頼関係で結ばれているということでしょう。そうした会社であれば、その後のさまざまな契約ごともスムーズにいくことが見通せます。キャスティング会社の「実力」の見極めも、タレントの広告起用において重要な事柄の一つと言えるのです。

交渉力の高いキャスティング会社をどう見極めるのか？

キャスティングの情報収集力の重要性について説明しましたが、それぞれの会社がどのようなノウハウを持っているのかは、外からはなかなか見えにくい部分ですよね。企業独自のノウハウであり、社員やスタッフのコミュニケーション力や交渉力といった面にも左右されますから、計り知るのは難しい部分でもあります。

その中であえて、「キャスティングの情報収集力をどう見極めるか？」を判断するとしたら、一つはその会社の「過去の履歴」を見てみることでしょう。つまりは、それまでの個々のタレントに関する契約の実績が手がかりとなります。

誰とどのような広告の契約を行ってきているか。どのようなランクであり、どんなジャンルのタレントと仕事をした実績があるのか。実績はウソをつきません。それをしっかりと見極めることが、デキるキャスティング会社かどうかを知るための大事な手がかりになり得ます。

そもそもキャスティング会社の強みは、さまざまなジャンルのタレント（芸能人・スポーツ選手・文化人などの著名人）に精通していることですが、キャスティング（広告）会社によって得意分野が異なる場合があります。

アイドルやアーティスト、俳優に強い会社や、スポーツ選手との契約を数多く成立させている会社、最近ではYouTuberやインフルエンサーとの契約に強みを持つ会社や事務所も増えています。

もちろん、どの業界にも万遍なく、タレント起用において高い実績を持つ会社も存在します。その場合はおのずと優れたノウハウを持っている会社と判断でき、信頼度も高いと言えるでしょう。そうした「履歴」や「実績」をチェックしていくことで、その会社の業界における立ち位置を知ることができるわけです。

注意すべきなのは、積極的に自社の広告ばかりを打ち出し、ネームバリューだけが先行して実績の伴っていない会社です。中身のない知名度に惑わされることなく、「名より実を取る」というスタンスで、会社の履歴＝エビデンスに目を向けることが大事でしょう。もしもそれがオープンになっていなければ、会社に実績を見せてもらうよう依頼しましょう。

タレント・キャスティング会社のノウハウは外からはなかなか見えにくく、実績こそが評価の証しになる重要な要素であることをぜひ知っておいてください。

タレントの広告起用は、そのコストを考えても、企業にとって重要なマーケティング手法の第一歩です。ぜひ慎重にコトを進めてほしいと思います。

「競合」のスタンスはタレント事務所によって異なる

これまで「競合」のリスクについて説明してきましたが、その中でインフルエンサーの契約についてもう少し触れておきましょう。

インフルエンサーの場合、芸能人やスポーツ選手、他の著名人とは少し立場が異なり、基本的に競合の縛りが存在しないケースが多くあります。インフルエンサー個人でもそうですし、インフルエンサーが所属するタレント事務所のスタンスもそうでしょう。

それは、インフルエンサー自体が広告に出演するわけではなく、あくまでも情報の媒介者の役割であるからです。SNSやブログへの投稿を行うPR活動において、競合する他の企業や商品を手掛けてもそれほど問題は生じません。競合については寛容であることを知っておくと良いと思います。

インフルエンサーはやや特別な存在と言えますが、「競合」に関するスタンスは、タレントが所属する事務所によって微妙に違っています。

競合縛りをしないタレント事務所は皆無と言って良いですが、ただその中身は事務所の方針や考え方によって若干の温度差があるということです。前述したように、契約内容によって競合の扱いは異なる……という話をしましたが、それ以前に事務所の捉え方によって、競合へのスタンスは差があるわけです。

ざっくりとした言い方になって恐縮ですが、つまりは「競合に対して厳しい事務所」と「競合に対して緩い事務所」という色分けが、ある程度できるということです。

言い換えれば、後者の事務所に所属するタレントは使いやすいし、逆に前者であればいろいろな制約が多いということ。例えば後者の場合、Aの製薬会社で風邪薬のCM契約をしつつ、Bの製薬会社で歯磨き粉の契約をすることも可能です。

こうした事務所ごとの〝カラー〟は特徴として明文化されていないものですが、一方でどのように把握し契約交渉の場に活かしていくかが、キャスティングの際に重要です。

それは経験でしか培われないノウハウであり、すべての会社が有しているものではありません。こうした高い経験値を持つキャスティングが、企業の細かな要望に応えることができるわけです。

タレント事故を未然に防ぐ方法とは？

第3章で「タレント起用の保険機能になり得るのがキャスティング会社」という話を紹介しましたが、広告起用したタレントが不祥事やトラブルを起こしてしまうリスクは、企業にとっての懸念の一つだと思います。

ここであらためて説明するまでもなく、さまざまなトラブルで世間をにぎわせ、その時の企業に多大な迷惑をかける結果になったタレントは残念ながら多くいます。

重要なコンプライアンス違反であり、契約上極めて大きな問題となるのが、広告への出演後に不倫や薬物の使用、暴力問題やセクハラ・パワハラなどのスキャンダルが生まれるようなケースです。

そのほか、この章で説明してきた、競合会社の製品の広告に出るという競合縛りに抵触する場合も契約違反として挙げられます。

では、こうした〝タレント事故〟によるリスクを、あらかじめ防ぐ方法はあるのでしょうか？

答えは、基本「ＮＯ」ですが、実は「ＹＥＳ」にもできます。

どういうことかというと、「広告主の企業にとって、タレントの行為を止める術はありませんが、何か起こった時のリスクヘッジをしておくことで、損害を最小限に食い止めることができる」ということです。

タレントも人間で、トラブルを起こす人も中にはいます。

だからこそ、その場合に極めて重要になるのが、「契約書の中身」です。

いかなる場合でも、タレントと広告契約を結ぶ際には、所属する事務所（事務所に属さない場合はタレント自身や代理人）と契約書を交わします。

タレント事故として想定できることを最大限に盛り込み、そうなった場合の対処の方法や対応策をできるだけ細かく明文化しておくことがとても重要です。

契約の際にあらゆるリスクを想定した上で、問題が起きた場合にどう対処するのか。社会がタレントに求めるコンプライアンス意識がいっそう厳しくなっている今、契約書の中でそれらを明らかにしておくのは最も大切な鉄則です。

契約する企業や商品・製品のイメージを損なうような事故やスキャンダルが発覚した場合の条項を契約書にしっかりと入れておくことが極めて重要なのです。

タレントと交わす契約書の中身はどうなっているのか？

一般的に、タレント（タレント事務所）と交わす契約書の中身としては、主には次のような項目が記されます。

広告宣伝の内容
広告の使用地域
契約（出演）期間
契約料・出演料の金額
契約義務違反が生じた時の対応　など

特にいわゆる「契約義務違反」については、経験豊富なキャスティング会社の場合、企業が懸念する内容を細かくヒアリングし、それを契約書に反映させてリスク管理を行います。

最近、世の中のコンプライアンス意識はとても高く、その点からもおざなりの契約ではなく、しっかり中身のある実務的な契約が求められており、単にキャスティング力が強いだけでは太刀打ちができません。

安全・安心にタレント契約を進めていくためのカギを握るのは、法務的にも信頼できるキャスティング会社が持つ危険回避のノウハウであると言えます。

タレント・キャスティングは早めのプランニングと仕掛けが必要

テレビCMをはじめ、多くの広告に出演しているタレントは、売れている「旬」な存在であることがほとんどです。そのため、先々のスケジュールまで埋まってしまっていることは珍しくありません。

同業他社に取られないためにも、社内の意志として起用することを決めたら、早めのアクションをおすすめします。具体的には、広告制作に入る半年前あたりからキャスティング会社に依頼をかけるのが望ましいでしょう。

なぜ、早期に動いていくことが必要なのか。タレント起用は、事前のリサーチをはじめとした〝情報戦〟の側面があるからです。

この章の冒頭でも話したように、契約に際しては競合の有無の確認が必須です。

例えば社内の宣伝部が企画をして、起用したいタレントを決めて上司に稟議を通したのに、最終的に相手事務所がＮＯの返事だと準備が徒労に終わってしまいます。プロジェクト自体の進行に大きな支障をきたすでしょう。

その意味でも事前のリサーチが必要ですし、競合縛りが生じている場合には、速やかに代案となる第２候補、第３候補のタレントの検討を進めていくことが求められます。

こうしたリスクに備え、タレントを起用する際には、できるだけ早くアクションを起こすことが大切なのです。

この章では、「安全なタレント・キャスティングのコツとは」をテーマに話をしてきましたが、特にスタートアップ企業やベンチャー企業、地方の中堅企業にとって、タレント広告は思いきったマーケティングの施策であり、今後の成長に向けた重要なステップになるものです。

もしかすると、「タレントを起用するのは大変なの？」と伝わってしまったかもしれません。実は、その通り。一筋縄ではいかないところがあります。ただご安心ください。そのために専門のキャスティング会社があるのです。信頼ができ、ちゃんと寄り添ってくれるキャスティング会社を見つけてください。

第 6 章

これからのタレント・キャスティング・マーケティング

今、スポーツ選手のCM起用が増えているワケ

これまで、「タレント」という表現の中にスポーツ選手も含めて話をしてきたように、いまや多くのアスリートたちが広告業界を席巻しています。

何度も例に挙げて紹介してきた大谷翔平選手や羽生結弦さんは言うにおよばず、プロ野球界やJリーグ、ラグビーやバスケットボール、オリンピックに出場したアマチュア選手など多岐にわたる選手たちがテレビCMに登場しています。

スポーツ選手は自らの努力で今の地位まで上り詰めた人たちで、極めてクリーンなイメージがあるのは大変な強みです。スキャンダルのリスクが少なく、安定した人気があることから企業にも好感を持たれます。そして、第4章で紹介したS選手の例のように、演技でない、つくらない素の魅力が商品イメージを良いものにしていくことも好かれる理由でしょう。

近年はスポーツ選手自身も企業の広告塔として声がかかるのはうれしいようで、積極的に広告に出演してくれるケースが増えました。そうしたポジションへと成長できたという充足感にもつながり、前向きに捉えてくれていると感じます。

本業でないからこその新鮮なモチベーションも相まって、CMの撮影に協力的なスタンスである場合が多いのです。

スポーツ選手はクリーンで新鮮なイメージがあることに加え、トップクラスの選手であればあるほど、露出のタイミング次第で広告効果は大きな爆発力を伴うものになります。

というのも、スポーツの世界では、毎年もしくは隔年、または4年に一度、一般の人たちの多くが注目する国際イベントや大会が必ず実施されます。レギュラーシーズンでのチャンピオンシップに加えて、世界選手権やワールドカップで活躍し、露出の頻度や注目度が一気に上がるチャンスを有しているわけです。

つまりは、タレントとしての「旬」をつくりやすいということです。

こうしたスポーツイベントを見越した上で、活躍が見込まれるプレーヤーや若手の有望株など、「旬」となり得るスポーツ選手をいち早くチェックし、早めに契約を結んでおくケースも少なくありません。

いつ新たなニューヒーローやスターが現れるかもしれませんから、先見の明を光らせて世の中のアスリートたちを見てみるのもおもしろい視点かもしれませんね。

大物スポーツ選手と一緒に企業の夢を叶える

私たちイー・スピリットでは、彼らスポーツ選手が成長していく過程とリンクして、企業がスポンサーとなってアスリート支援をしていくお手伝いをしたいと思っています。

企業によっては、スポーツ選手を単発のＣＭやイベントなどに起用するだけでなく、競技活動を幅広く支援する形でスポンサードするケースがあります。遠征費や用具のコスト、食事や栄養面など広範囲に競技活動をサポートし、その対価として企業のＰＲにも一役買ってもらうというものです。

選手の支援を行いながら、契約した選手が活躍してその企業の名前が出ることで広告性を追求するという形です。特にアマチュア選手に対するスポンサードに多く見られ、選手が大会などで実績を残して「〇〇所属」とメディアで報道されることで、企業のブランドイメージの向上につながります。

一方、競技に真摯に取り組むアスリートの側も、練習などの環境をできるだけ良くしたいと考えていますし、故障リスクによる将来不安を抱えていることも少なくありません。企業のスポンサードによってそうした懸念が薄まるとしたら、選手にとってこの上なくありがたいものであるのは言うまでもないのです。

ブランドイメージの向上を図りたい企業の論理と、スポーツ選手の想い。それがWIN―WINの形になって世の中に提供されているのが、アスリートを起用した広告でありスポンサードと言えるでしょう。

加えて、アスリートの現役引退後、つまりはセカンドキャリアまでを応援していくスポンサーもあります。これは一種の社会貢献ということができ、その選手が活動の拠点を置く地域に根差した企業に多く見られる形です。

フィギュアスケートの羽生結弦さんが活動拠点にする仙台市では、スポーツ用品販売大手のゼビオホールディングスが2023年11月、仙台市と共同で通年使用が可能なスケートリンクを新たに開設すると発表、2025年からの使用が予定されています。

また近年では、選手自身が所属する実業団（企業）を離れ、スポンサーとプロ契約する例も増えてきました。マラソンをはじめとした陸上選手など個人競技に多く見られますが、こうした選手たちのスポンサーとなってサポートするのも、社会貢献性の高い広告プロモーションということができます。

競技の引退後も何らかの形で支援することを含め、これらは企業のCSR（社会的貢献）

を軸にした意義のあるスポンサードだと思います。サポートを実践する企業が増えることを期待するとともに、私たちもその橋渡しをどんどん行っていきたいと考えています。

旬のアーティストが商品ブームを創り出す
～K-POPアーティストの躍進～

2021年5月、日本はもとより世界の音楽関係者の間に衝撃が走りました。アメリカの3大音楽祭の一つといわれる「ビルボード・ミュージック・アワード」で、韓国のアイドルグループ「BTS」が4冠に輝く快挙を達成したのです。

2019年に同アワードで2冠を得ていたものの、さらに全米を席巻する勢いで爆発的な人気を獲得。K-POPと呼ばれる韓国発の音楽が、マーケットを世界へと拡大する現状をよく表す受賞となりました。

このBTSにとどまりません。BLACKPINKやTWICE、NewJeansなどのガールズグループも同様です。

本場アメリカのミュージックチャートをのぞくと、こうしたK-POPグループの名前がズラリと並びます。Netflixでの動画配信ランキングでも韓国発のコンテンツが軒並み上位を占める活躍ぶりで、そのタレント価値はもはや世界的なレベルへと到達しているわけです。

韓国では国を挙げて、音楽や映画などのエンターテインメントコンテンツを有力な輸出産業として育てたいというビジョンがあり、K-POPグループの躍進もその波に乗ったものだと考えられます。

特に音楽の場合、グローバル化の戦略の下で綿密なプランニングやプロモーションによってタレントが育成されます。例えば、オーディションで選び抜いた優れた〝逸材〟を、数年にわたる計画的なトレーニングで鍛えたあと、満を持してデビューさせる。アイドル性が高く、魅力的なビジュアルを備えたタレントを次々と市場へ輩出し、常に「旬」のポジションを獲得しているのです。

実はK-POPグループのタレントたちは、アメリカをはじめとしたグローバルな人気を獲得するとともに、日本のマーケットをとても重視しています。2003年頃に爆発的に火がついた韓流ブームに端を発し、日本には韓国スターのファン層がもともと非常に多いのです。年末の『NHK紅白歌合戦』でも複数の韓国発のグループがステージを席巻しているように、メディアの側もその存在感を無視できない状況となっています。

私は、「旬」のタレントをいかに企業のマーケティングに活用できるかが、売り上げやブランディングの向上をもたらすために非常に重要だと考えています。

現在の流行の先端をいく「旬」の存在がK－POPアイドルとした時、彼ら彼女らやが世の中の多くのトレンドを創り出す存在になっているのがその証左であると思うのです。

例えば、2010年代に韓国で〝美少女〟を表す言葉から生まれた「オルチャンメイク」は、世の中の若い女性たちの心をつかみ、大きな人気を得ました。2024年現在は、チャイボーグメイク、純欲メイク、白湯メイク、水蜜桃メイクなどのメイクがZ世代の流行となっています。

市場の拡大において役割を果たしたのが、韓国コスメの広告モデルに起用されたK－POPアイドル。彼らを起用したCMやSNSマーケティングによって、韓国コスメは日本を含めた世界中の注目を集めることになりました。

例えば、先に挙げたBTSが広告モデルとなったのは、「VT COSMETICS」という韓国ブランドでしたが、若い世代でも手を出せるリーズナブルな価格帯であるのが特徴です。同時に、敏感肌の人でも安心して使えることを強く訴求した商品でもありました。

BTSを起用した広告効果によって、10代の顧客が世界中に拡大。加えて、「10代から化粧を楽しむ」という新たなトレンドを浸透させることにもつながったわけです。

このように、「旬」のタレントによるプロモーションで流行の波に乗ることで、自社の商品や業界そのものに新たなトレンドを生み出すのも可能ということ。言い換えればタレントの側も、テレビCMをはじめとした広告プロモーションへの登場によって、トレンドを創り出すキーマンになることを望んでいるわけです。

自社の広告が世の中に新たな波を創り出し、爆発的な注目度とともに一気に売り上げが伸びていく――。夢みたいな話だと思われるかもしれませんが、実際にそれを実現した企業は世の中に山ほどあります。

いまや企業活動も、グローバルな視点がなければ淘汰されていく時代です。海外へと目を向ける時、世界の「旬」なタレントを見つけてどんどんコラボレーションを進めてほしい。そのためのお手伝いをしていきたいと思っています。

CM用「書き下ろし新曲」で差別化マーケティングができる

テレビやラジオのCMにおいて欠かせない要素は何でしょうか？　タレントを起用した

際のビジュアル要素はもちろん、もう一つが、映像と一緒に画面から伝わる「音」でしょう。もっと言えば、CMとともに奏でられる音楽の存在です。

これまでテレビCMから生まれたヒット曲は数知れず、音楽やサウンドがCM好感度に与える影響は、過去20年の間に大幅にアップしているとのデータもあります。

CMの訴求力とそこで流れる音楽には、重要な相関関係があると言えるのです。

印象に残る音楽があれば、そのCMは自然と脳裏にインプットされますし、企業や商品名は強く頭に刻み込まれます。音楽を軸にCMがヒットし、それによって広告としての価値が上がる。こうしたメリットもまた、タレント広告のなせる技ということができます。

これは言い換えれば、アーティストの側も積極的に「CMタイアップの音楽活動を行いたい」というモチベーションにつながることを意味します。アーティストがヒット曲を生み出すには、テレビCMとのタイアップによってリリースするのが早道——もはやこれが音楽業界の常識だからです。

つまり、レコード会社や各レーベルに所属するアーティスト、ミュージシャンの多くは、企業CMとのタイアップを獲得することを望んでいますし、自身の曲がテレビやラジオのCMで流れることを求めているわけです。

その際に、アーティストがCM用にオリジナルの曲を書き下ろしてくれることもあります。クライアントの要望によるケースが多いわけですが、歌詞の中にCM商品をダイレクトにイメージさせるもの、商品名がインスパイアされるような要素を入れ込んでくれることもあり得るのです。

その場合、CMの中での訴求効果が高まるのはもちろん、アーティストが他の音楽番組で歌ったり、曲がラジオなどで流れるだけでも、聴く人の脳裏に刻まれる相乗効果が得られます。実際のCM以外でもプラスαの広告効果が得られるメリットがあるわけです。

こうしたCM用の書き下ろし曲は、創り手であるアーティストの曲であると同時に、広告主となった企業にとっての〝オリジナル曲〟でもあります。ちょっとベタな言い方をすれば、企業の「社歌」になり得るものかもしれません。

きっと社員の求心力や働くモチベーションを高めるインナーブランディングにもつながりますし、オーナーカンパニーの社長さんにとっても同様でしょう。自分の会社のオリジナルソングを著名なアーティストが書いてくれたということで、ご自身の人生にとってのまさに一里塚になるものではないでしょうか。

曲というものは無形で、未来永劫なくなることは絶対にありませんし、歌い継ぐ人さえいれば永遠に残り続けるものです。

自分の会社のために創られた曲が、聴く人の想いの中にずっと残り続ける――。CMのための書き下ろし曲は、そうした普遍の価値を紡ぎ続ける唯一無二の存在になり得ることをぜひ知ってほしいと思います。

タレントやアーティストを起用したCM自体は、一定の期間が過ぎれば姿を消すことも多いでしょう（中には同じタレントで何十年も続くCMももちろんあります）。けれども、このような曲という残り方で見た人の想いに刻まれ続けるとしたら、タレント広告に携わる上でこれほど幸せなことはありません。

属人的ビジネスから脱却しつつある「広告キャスティング」の世界

あらためて、わが国の広告業界は非常に複雑化してきています。高度経済成長の時代はサラリーマンの給与は放っておいても上がっていました。

それが今は給与の上がらない時代であり、加えて空前の物価高といわれる世の中になりました。少子化による人口減少も見据え、大量消費がされない時代へと本格的に突入しつつあります。

つまりはマーケティング戦略についても、今まで以上にインパクトのある広告を積極的に打っていかなければ生き残れない世の中になってきたのです。

そのための施策として爆発的な効果をもたらすのはタレント広告だと説明してきましたが、一方でタレント広告の手法自体も今の時代、変わりつつあることを書いておきたいと思います。

それは、広告キャスティングも、もはや属人的なビジネスの時代ではないということです。

ひと昔前までは、広告にタレントを使うという決定を企業がした時、好感度や人気の度合い、テレビにどれだけ出ているかという露出度などを基に、「なんとなく」というイメージ先行で人選を行うのが常でした。

けれどもこれだけ大量消費がされなくなった時代、感覚的なイメージだけでタレントの人選を行うのではリスクが大き過ぎます。もちろん好感度や人気度は極めて重要な要素ではありますが、そこに数字的な裏付けやデータ、確固たるエビデンスが伴わなければ、求める結果も絵に描いた餅になりかねないということです。

つまり、企業が行うPRについて、どのような層に訴求し、どのような成果を望むのか。実売なのかブランディングなのか、またはリクルーティングなのか。クライアント企業の目的や要望を細かく把握し、具体的なデータやエビデンスを基にタレントの人選や提案を行っていくことが、われわれ広告キャスティング会社にも必要になっています。

「○○さんもいいですが、御社の業界としてはそれよりもこういう人がいいですよ」といったアドバイスなど、ビデオリサーチ・タレントパワーランキングやSNSの定量的・定性的なデータに加え、SNSのフォロワー数やコンバージョンを重視しながら最適なタレントを提案していく。こうしたプランニングをうまくやっていけるのが、現代の広告キャスティング会社というわけです。

あらゆるターゲットを明確にした上で、それに見合ったタレントをデータの裏付けに基づいてセグメントしていく。この作業があるか否かで、得られる効果は大きく違ってきます。

そのためのノウハウを、例えばイー・スピリットでは独自のデータベースで備えています。

企業が使いたいタレントが、どのようなデータの裏付けを持っているのか。タレントとしての認知度はもちろん、そのタレントの露出によってユーザーはどのくらいの購入意欲が湧くのかが、蓄積されたデータによって表されています。

イー・スピリットは6万人超の日本最大の芸能データベースをDX化できており、SNS全盛の今、タレントのInstagramやTikTokなどを通じて趣味嗜好やライフスタイルなどを可視化し、ご提案の際のプランニングに活かす工夫をしています。さらに関東地方24時間すべてのテレビCMを録画してデータベース化していることから、常に最新の情報を提供できるわけです。

自社の話になり恐縮ですが、つまり最先端の広告キャスティング会社は、こうした綿密なエビデンスやデータの裏付けを伴ってタレントの起用を提案し、CMなどの広告制作を行っていることをぜひ知ってほしいのです。

加えて、キャスティング業界のDX化は、初めてタレントのキャスティングを検討する企業様にとっても、そのハードルを劇的に下げるものだと考えています。

企業の担当者が新たなマーケティング施策を立案する際に、予測される費用対効果を示す上での根拠となり、社内の稟議を通しやすくなるというメリットもあるでしょう。キャスティング会社が行うタレント起用の中身をデータによって「見える化」することで、クライアントとの意思疎通が深く図れることになり、より質の高いプロモーションの実践につながるのは間違いありません。

クライアント、クリエイター、そして出演者や芸能事務所のスタッフ皆さんに喜んでいただける「三方良し！」のキャスティングのために、属人的要素からの脱却という業界改革を進めていくためのトップリーダーでありたいと考えています。

キャスティング・ファースト・マーケティング戦略とは？

従来の総合広告会社による提案は、まずは市場調査などのマーケティングがあり、メディアの選定を行うメディアプランニングがあり、クリエイティブに関するプランニング、最後にタレント・キャスティングがくる……という流れであるのが一般的でした。

ただ実際のところ、どの広告会社の提案も、戦略やクリエイティブの考え方において大きな差がつくことはなかなかありません。クライアント企業の要望をくみ取り、各広告会社がプレゼンに臨むクリエイティブの内容は、似たり寄ったりであることが少なくないと言えます。

けれども一連の流れの中で、クライアントが大きな関心を寄せ、広告会社それぞれで違いや差が生まれやすい部分があります。それが、最後の段階であるタレント・キャスティングのところ。つまりは「広告のメインキャラクターに誰を持ってくるのか？」という部分なのです。

せっかく意外性のあるクリエイティブや大胆なストーリーを考え、その提案段階ではクライアントから好評を得ていたのに、最後のタレント提案のところで、他社が持ってきた超強力なプレゼン内容にすべてをひっくり返される。または同業他社に先に起用を決められてしまい、競合が生じて提案がNGになる……ということがあり得ます。

実際、大手広告会社にいた頃に、そうした経験を何度かしたことがあります。だからこそ思うのは、クライアントが注目し重きを置くタレント・キャスティングの部分を優先した広告提案にするのも一考……ということです。

タレント起用の提案を最後に持ってくるのではなく、最初の段階もしくは同時並行でキャスティングの作業を走らせ、クライアントの関心を一気にこちらに引き寄せる。それが、われわれの考える「キャスティング・ファースト・マーケティング戦略」です。

その際に活きてくるのが、前述したデータ重視のキャスティングでもあります。クライアントの要望に応えるエビデンスとデータをそろえた上で、見合ったタレントをいち早く提案し、クリエイティブの軸としてプランニングしていく。「キャスティング・ファースト・マーケティング」によって展開していくメディアミックスの手法（第4章ご参照）が、今後は特に重要になってくると考えます。

つまりこれからの時代、タレント・キャスティングの豊富なノウハウを持ち、その上で独創的な広告クリエイティブを実現できるエージェンシーがいっそう必要とされていくということです。

では、この本を読んでくださっている企業の担当者としては、まずは何をすべきでしょうか。自社でタレントに直接アプローチするのは現実的ではありませんから、ノウハウを持つキャスティング会社や広告代理店に相談してみてください。

その際に、先述したようなプロモーションの目的やターゲット、想定する効果や成果をできるだけ細かく聞かせてください。同時に、例えば起用してみたいタレントがいれば、ジャンルを広く捉えた複数の候補でもいいですから、遠慮なく名前を教えてください。

お考えのタレントが目的に沿った存在かどうか、きっと客観的な視点から有益なアドバイスをご提供できます。マーケティング戦略の中で重要な位置を占めるタレント・キャスティングを真っ先に検討できるよう、固有のノウハウを惜しみなく提供させていただきます。

企業にとって最もふさわしい、「いいタレント」を的確にキャスティングし、時機に見合った最適な広告提案をプランニングしていくのがわれわれの使命です。

イー・スピリット（e-Spirit）の「e」は、「いいね！」のeです。良いスピリットを持って、世の中に元気を与えていく。タレント・キャスティングおよび、タレント広告を通じてあなたの企業を元気にする。そのための一助ができれば幸せに思います。

おわりに

デジタルの時代だからこそ、「ヒト媒体」が刺さる

世の中のタレントは、いくら知名度があっても、広告だけで生きている人はなかなかいませんん。ＣＭへの出演を仕事として重きを置いているのはほとんどのタレントがそうですが、それでもＣＭを本業としているわけではありませんね。俳優なら映画やドラマ、舞台で演じることであり、スポーツ選手は言うまでもなく競技においてプレーすることが本業です。

ですから、ＣＭへの出演はあくまでも「副」です。言い換えれば、本業で活躍し、輝いているからこそ世の中に求められる広告需要があるわけです。

よくタレントＣＭ出演ランキングというものが発表されて話題になりますが、上位にランクされる人はいずれも、本業のフィールドで活躍し、世の中からの支持を得ている人たちです。そうでなければ、こんなに多くのＣＭの声はかからないし、一般からの好感度も

高まらないでしょう。

CMを通じて消費者が感じ取る要素は、媒体を通して彼らタレントが醸し出すパッションであり熱量、輝いている存在だからこその心の躍動であると思うのですが、いかがでしょうか。

もっと言えば、近年のマーケティングにおいて重要な位置を占めるようになったデジタルマーケティングにない「ヒトが伝える熱」が、見る人の心を動かすのがタレント広告だと思います。

そこには、見る人の憧れの気持ちや、同じようになりたいというモチベーション、マインドの高揚が生まれます。キラキラと輝く存在から伝わる爽快感など、人が醸し出す感情が画面越しに伝わり、そうした想いをどんどん促します。人気タレントの持つ好感度は、その集大成としての結果です。

だからこそ私たちは、「がんばるすべての人を応援し、世の中を元気にする会社」であることを理念にしています。役者さんやタレントさん、スポーツ選手たち出演者の皆さんは、世の中に勇気と元気を与えてくれる素晴らしい人財であると心から思っているからです。

そうした皆さんのエネルギーをぜひ、御社の企業としての成長に役立ててほしい。タレント広告の持つ「ヒト媒体」のパッションに、デジタル広告の持つ先進性を絡めることで、新たな広告マーケティング時代の呼び水にもなるはずです。

次代を担うタレント・キャスティング会社として、そのお役に立つことが、私たちの切なる願いです。

最後になりましたが、今回の執筆に多大なる協力を賜りました潮凪洋介さん、栗栖直樹さん、デザインを担当してくださった藤塚尚子さん、編集を担当してくださった中野亮太さん、制作に関わっていただいたすべての皆さんに感謝申し上げます。

2024年12月

足立茂樹
大塚卓郎

「キャスティングの教科書」
これまで体系化されていなかった広告戦略

2024年12月24日　第1刷発行

著者　足立茂樹《あだちしげき》／大塚卓郎《おおつかたくろう》

ブックデザイン　藤塚尚子（etokumi）
執筆協力　栗栖直樹
制作協力　潮凪洋介（HEARTLAND Inc）

発行人　永田和泉

発行所　株式会社イースト・プレス
〒101-0051
東京都千代田区神田神保町2-4-7 久月神田ビル
Tel：03-5213-4700
Fax：03-5213-4701
https://www.eastpress.co.jp

印刷所　中央精版印刷株式会社

ISBN978-4-7816-2414-3